まんが

よんい博士と行く神様の世界

真木規行

光言社

地球星のすべての子供たちにささげる

はじめに

新しい時代は、ただ漠然と古い時代の延長上に現れてくるものではなく、常に神様からの明確な、新しい起点をもって始まります。

新約時代は、イエス様のみ言とその生き方を起点として始まりました。そのことをイエス様は、「新しいぶどう酒は新しい皮袋に」と例えています。新約時代は、霊的パラダイスの時代を確立しました。

そして成約時代といわれる霊的、実体的、両面の天国完成時代は、すでに今日、真のご父母様のみ言とその生き方を起点として始まっています。そのエキスは、「真の愛」と「ために生きる」こと、といえるでしょう。

神様の一番の願いは、この成約時代に生きる子供たちが、古い時代の価値観に埋もれてしまうのではなく、真のご父母様のみ言とその生き方に根を持つ真の人生観を確立し、神の国、未来へ向かって力強く巣立ってほしいということです。

この本が、神様と共に生きることができる新しい時代の希望を、少しでも子供たちに与えることができれば幸いです。

内容は『ムーンワールド・小学生版』に連載した「ぼくとわたしの統一原理」から抜粋し整理したものです。

二〇〇一年一月　著者

よんい博士と行く神様の世界

目次

よんい博士

まこと君

あい子さん

はじめ君

ミッキー

【神の子】

協力 渡辺早千子
装丁 佐藤 敦

地球

ぼくとわたしの統一原理

統一原理って何だろう

文鮮明先生（アボニム）は、一九三五年満十五歳の時、イエス様と霊的にお会いしてから、いかにしたら神の国ができるかと命がけで真理探究の道を歩んでこられました。そして九年後、ついに真理のほとんどすべてを解き明かされ、統一原理として世に発表し、今日まで全人類に救いと希望を与え続けてこられました。

ここでは、小学生にもわかるように、統一原理の教えの一端をまんがで表現してみました。でも統一原理の教えは、まんがでも文章でも表しきれないほど深い教えなので、大きくなったら、もっともっと詳しく学んでください。

すばらしい統一原理

ミーン
ミーン
ジー
ジー

夏休み 僕は 遊ぶぞ！
私も たくさん 遊ぶわ

でも宿題もやらなくっちゃ
ウッ
ドッサリ
にっき
しゅくだい
ドリル
あーあ学校なんてなければいいのに……
おまえはいいな
ワン
ただ遊んでいればいいんだから
どうして人間だけ勉強しなければいけないんだろう
ワン
人間より動物のほうがいいかもしれないな
僕もそう思う
……でもほんとにそうかしら

ハーイ
ジャーン

ああ びっくり した おじさんは だれ？
どこから 来たの
私の 名前 は 四位 基台の よんい 博士
君たちに 会いに
統一原理（真理）の 世界から やって来たのだ
統一原理
統一原理の 世界から ……？
どう して？
君たちを そこへ 案内したい からさ

君たちは今動物のほうがいいとか言っていたね
好きなとき食べれてうれしいな
いつもおしゃれでステキ
もう勉強しなくてもいいぞ……
これから行く統一原理の世界では　いろんなことがわかるんだよ
神様のこと　真のご父母様のこと　神の子のこと　神の国のこと　霊界のこと　天使のこと　動物のこと　地球星のこと
希望のお話でいっぱいだ！君たちも　きっと人間のすばらしさに気がつくよ
さあ準備はできたかな

あ あのー
ぼ 僕(ぼく) 宿題(しゅくだい)が あるので…
ラジャー
さあ みんな 手(て)を つないだかな
しゅっぱーつ!

神様について

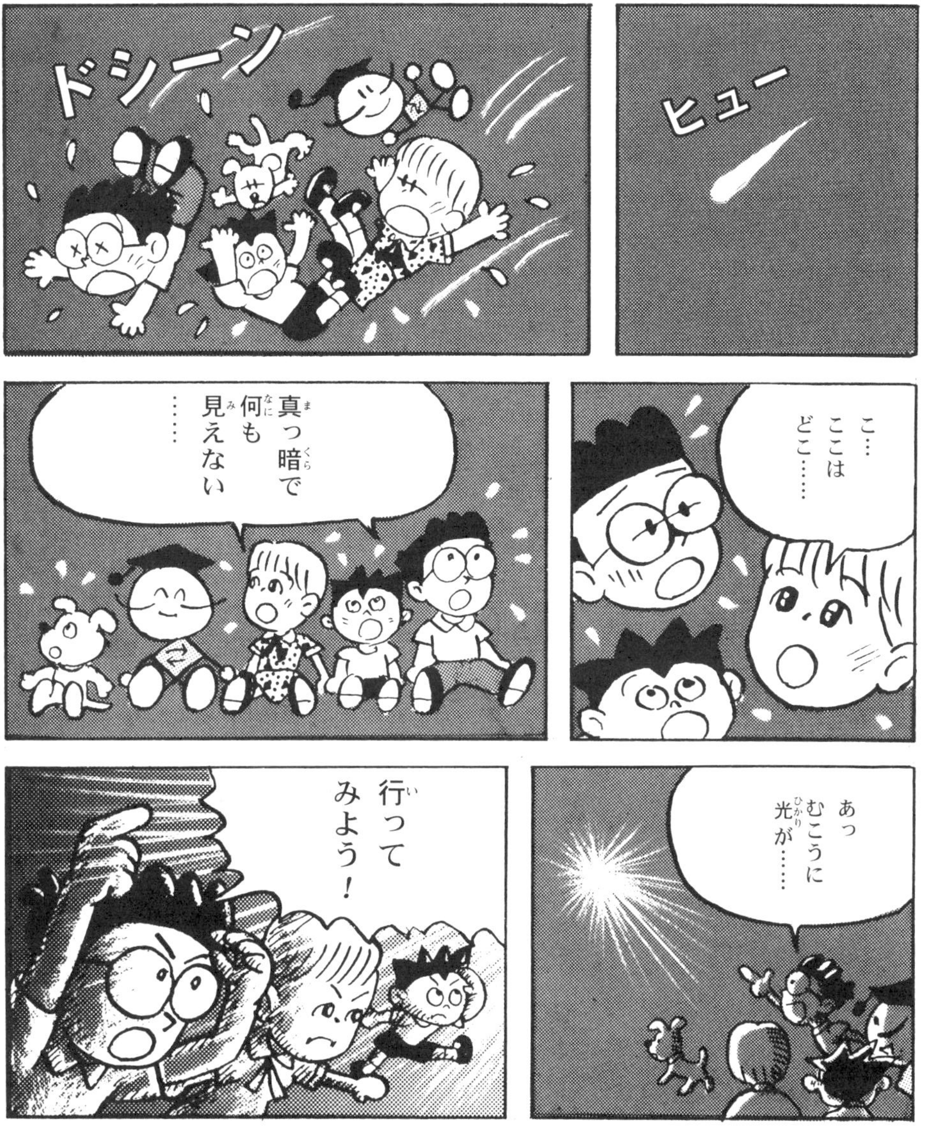
ヒュー
ドシーン
こ…ここはどこ……
真っ暗で何も見えない……
あっ むこうに光が……
行ってみよう！

創造原理
そうぞうげんり
そうぞうげんり……
博士創造原理って何ですか？
それはね今までだれも入ったことのない秘密の世界だった

しかし
アボニムに
よって
初めて入れる
ようになった
んだよ
あのボタンを押せば開くぞ
ボタン
ボクの鼻を押してね
ギギギギ
ヤッター

創造原理の世界に入ることができたぞ
なんだか気持ちがいいわ
みなさんようこそ
あ てんし
この光はどこから来るんだろう
あったかい
これは神様の愛の光だよ
ところで君たちは神様についてどう思う？
私はおられると思うわ
目に見えないからわからないです

見えれば信じられるのに……
かみさま
まこと君は見えないものは信じないのかね？
ポテトチップス
ここれすっごく信じる
コラ
トホホこれはあ・と・で
ポテト
ところでこれは見えるかね？
え
ハテナマークが見えますけど……
ちがうよこれは空気だ見えないけれど木がゆれたり肌で感じるので空気のあることがわかるだろう？
電波はどうかな？
見えないわ
でもテレビが映るので電波もあることがわかるのだ
でんぱ

ほかに見えないけれどあるものって何かな？
えーと
心！
そう心も見えないけれどその人の行いを見ればどんな心かわかるんだよ
さむいよ～
かわいそーね
あの子はほんとにやさしい心の持ち主だわ
だから神様も目には見えないけれど……
神様の創造された作品をよく知れば神様がどんな方かはっきりわかるのだ

神様の作品

さあ神様の創造された作品を見てみよう
うわーっすごーい！これ全部神様の作品なんだね

ジーッ
神様の作品バナナ←
ねえ何してるの？
よーしぜったい調べてやるぞ
あーむずかしい……
こら食べるな
もぐもぐ
ジロジロ
博士いくら見ても神様のことがわかりませーん
ハハハ…それではいいものをあげよう
ペアめがね

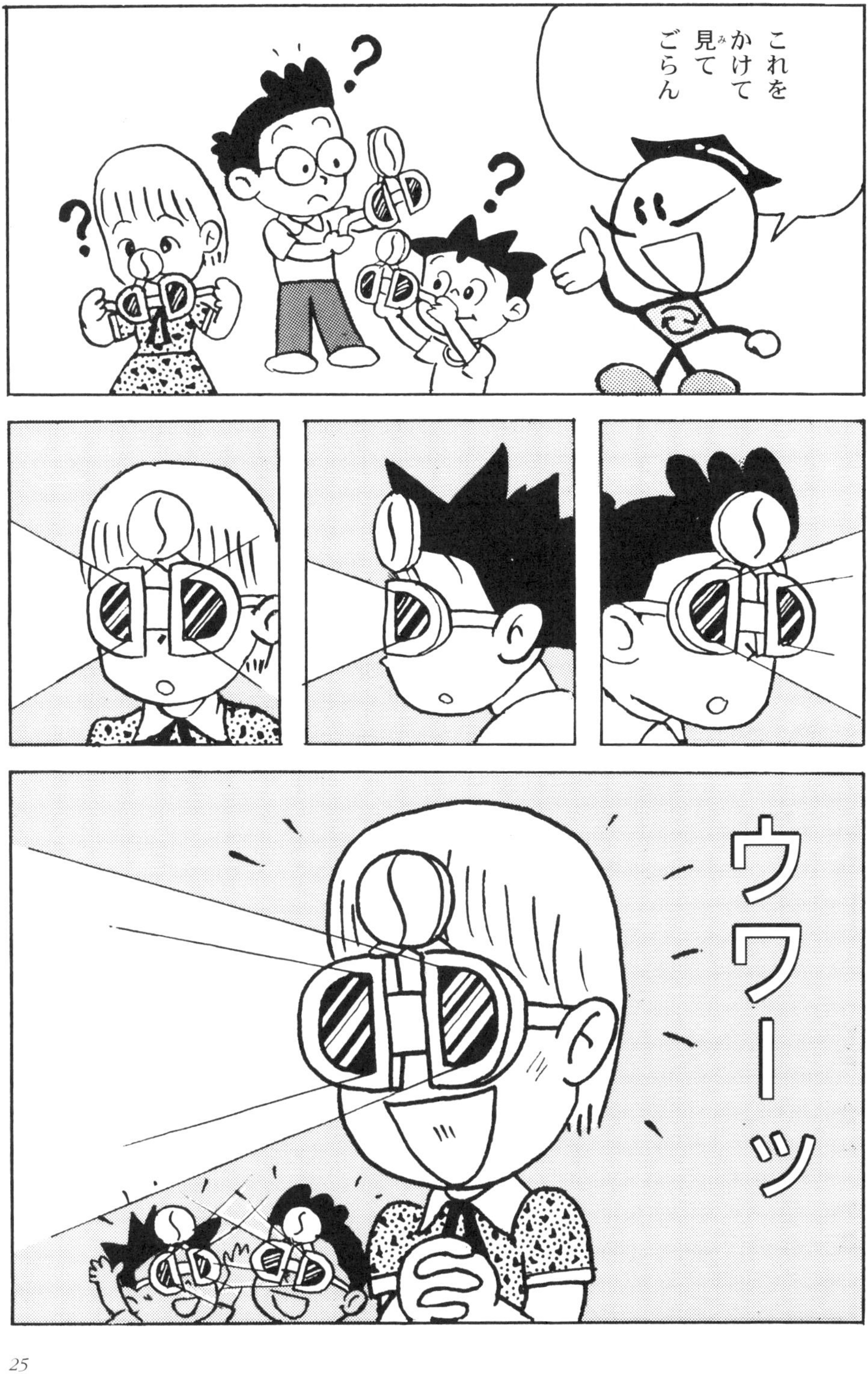
これをかけて見(み)てごらん
ウワーッ

ウワーッ
このペアめがねで見るとみんな男の子（オス）と女の子（メス）に見えるー!!

こっちの花も見てー!!
男の子（おしべ）
女の子（めしべ）
きみたちもおとこのことおんなのこなりキーッ
キー…!!
何が見えたかね
わかった！神様の作品はみんな男の子と女の子からできているんだ!!

こんどは
スイッチを
かえて
見てごらん
ペアめがね
スイッチ
クルクル
カチッ
こころめがね

わたしたち かわいいでしょう
ぼくたちは やさしいひとが だいすきさ
ぼくは うごく ものを みると すぐ おいかけ たくなっ ちゃう
わたしは なんにでも まきつきたくなるのよ
ムギュ
わかった!!

動物や植物たちは
みんな目には見えない
けれど心のようなものを
持っているんだ!!
そうか
神様の作品はすべて
男の子（オス・プラス）と
女の子（メス・マイナス）
からできいるのと
みんな心（性相）と体を
持っているんだわ

作品に現れたものは、
作者の中にも必ず持って
います。
そのことから、
神様は、心のような面と
体のような面、
また、
男（プラス）の性質と
女（マイナス）の性質を
持っておられる方である
ということがわかります。

神様の作品にはユーモアもあるよ
イヤー
エダナナフシ（ダイエットのしすぎ？）
コノハムシ（葉っぱそっくり）
タテジマキンチャクダイ（どれがほんとの目？）
ヨツメガエル（にらめっこならまけないよ）

外へ出ていって、自然の中に現れている神様のすばらしさをたくさん発見しよう。

君たち好きな絵を描いてごらん
あー おいしい
ジュース
ワン
みんなうまく描けたね
君たちの作品にも作者の気持ちが現れているかな？
あとでわくわくひろばにだそう

おっ！
まこと君の絵には
はやく祝福を受けたい
気持ちがよく
出ているよ
어머님
あい子さんは
オモニムのように
なりたいんだね
はじめ君のは
食べたい食べたい
気持ちでいっぱいだ
あたり
ハハハ…
シロのはいつも
こればっかり
どう
あたって
いるかね
ワン
ワン
ズバリ
でしょう

神様と人間の関係

どうか おこづかいが 増えます ように
韓国語と 英語が よくわかり ますように
博士 僕たちなぜ お祈りするのでしょうか？
もっと ながいき できます よーに
じゆけん
いいことに 気がついたね お祈りするのは 人間だけなんだよ

そういえば
こんなの
見たことが
ありません
アーメン
あたりまえよ
プーッ
では人は
どんなとき
祈るのかね
それは
お願いした
いことがあ
るときや
感謝の心が
わいたとき
苦しいとき
助けて
もらいたい
とき
おかし
すると
お祈りは
ただの
ひとり言とは
いえないね
たしかに
だれかに
向かって
お祈り
している
気がする
いったい
だれに対して
だろう
わかった
神様に
だ!!
ホッホホ
そうか
でも神様に
どうして
祈るんだ
ろう
ギュウ

では
はじめ君
聖書を
読んでごらん
にげないで
聖書
創世記
第一章二十七節
神は……
えーと
「神は自分のかたちに
人を創造された。
男と女とに創造された」
えっ
人間は
神様に似せて
創られたの？
聖書
そういえば
人間や動物も
自分によく似た
子供を生むわ
オイ
オイ
親
子

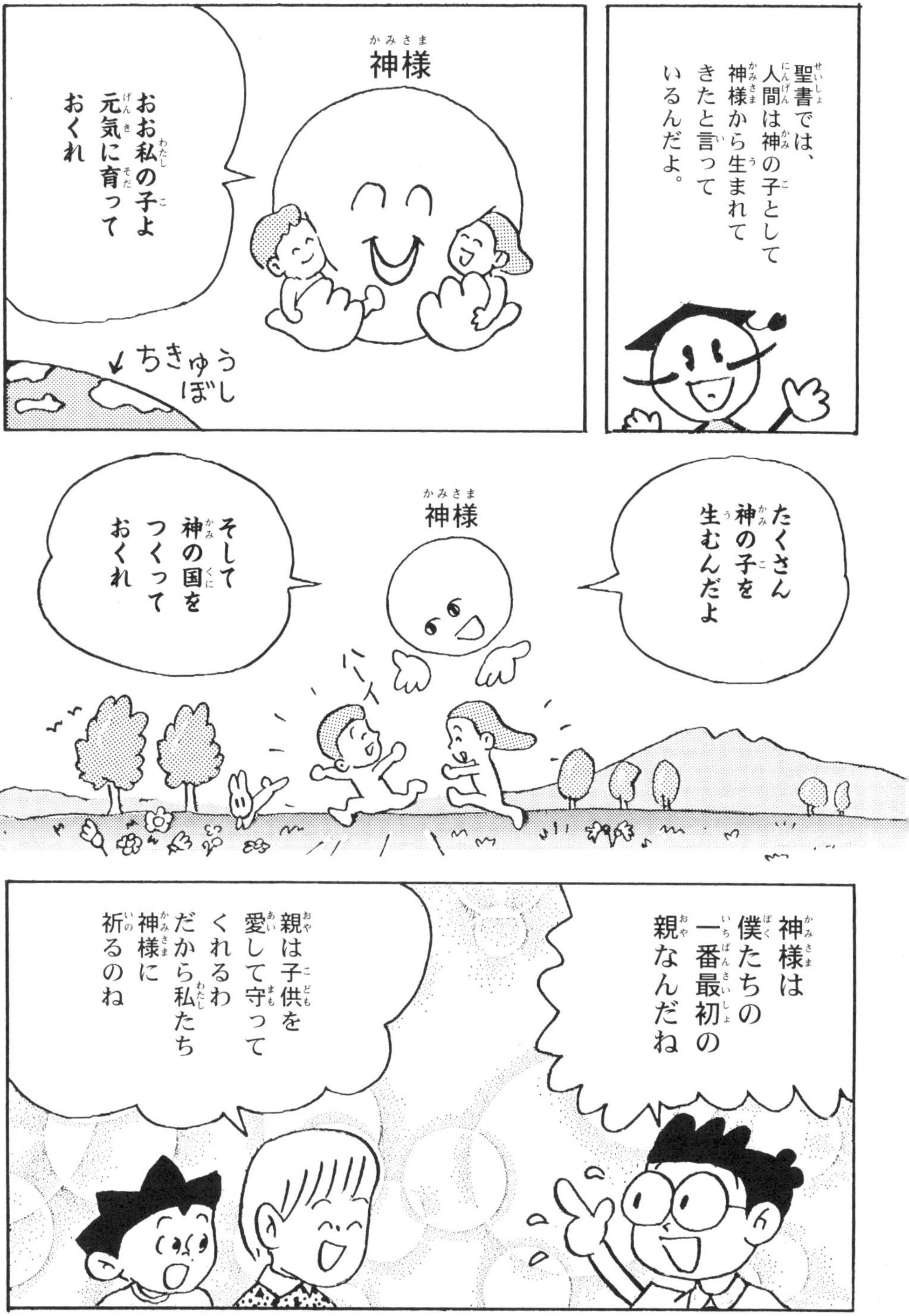
聖書では、人間は神の子として神様から生まれてきたと言っているんだよ。
神様
おお私の子よ元気に育っておくれ
ちきゅうぼし
神様
たくさん神の子を生むんだよ
そして神の国をつくっておくれ
ハーイ
神様は僕たちの一番最初の親なんだね
親は子供を愛して守ってくれるわ だから私たち神様に祈るのね

子供は親から守られているから安心していられるんだよ
だいじょーぶよ
悪い子はいないか〜
こわいよ〜
ガオーッ
ナマハゲ
昔、インドで狼に育てられた少女がいました。その少女は狼にそっくりだったといいます。
子供は親にとてもよく似るので君たちもだれを親に持つかはとても大切なのだ

私は君たちを創造し
真の愛と永遠のいのちを
与えた
君たちの最初の親だよ
神様
神様は
お祈りする
子の願いを
かなえて
くださるよ
アボニム
オモニム
うれしいな!!
僕たちみんな
神の子だ!!
私
神様に似たいでーす!!

神様と人間は親子です。そのことをはっきり知り、思いやりの心で仲良く生活する人は、神様が愛されるので、良い願いは何でもかなうようになります。

僕も私もナンバーワン

小学校
……
……
……
あら花が何か話しているわ
いってみよー
ワイ
ワイ
はなのなかでいちばんうつくしいのはわたしよ!
いいえわたしよ!
わたしにきまってます!
わたしよ
わたしよ
わたしよ
お花さんけんかストーップ!!
な なによ
じゃましないで
ねえ読者の君たちはどの花が一番美しいと思う?
えーっビューティーコンテストみたい
わ、わたしでしょ…
ドキドキ
ドキ
へへ…
エントリーナンバー
でもほんとはだれが一番でもないわ
えーそんなー
だってユリさんチューリップさんバラさんにはみんな個性があってほかの花には代われないのよ
あまいにおい
くびがながい
こんなかたち…
どの花も自分の美しさを持っているので比較できないわ

君にはどんな個性があるかな？

だから
みんなが
一番!!
ヤッター
いろいろな花があるからすばらしいのよ
みんながいちばんよ
さっきはじぶんのことばかりいってごめんね
画面がかわり……
あーあまたか……
テスト 15
私はいつもびりでやだな
おちこみ〜〜〜
おーいきみたち
なにをなやんでいるのきみたちもナンバーワンよ!
だってきみたちにしかないよいところやこせいがあるのよ
えっぼ僕にも個性があるの?
個性って何だろう?
ジャーン
君は両親から生まれたから両親によく似ているだろうでも似ていないところもあるよね
神様
父
母
それは神様にも似ているからなんだ
神様に似てる
その神様が、君だけのために特別な心や才能を与えてくださっているんだよ。それが君の個性さみんな違って、みんないいんだ
神様
個性
ヤッター

ひとりだけでは元気が出ない

博士 なんだか ここは暗く ありませんか
ウム
あっ だれか いる
ねえ君 どうしたの?
くらいのは きみがげんいんかな
グスン 僕が三振したから 大事な試合で チームが負け ちゃった……
じゃあ 次の試合で がんばれば いいじゃ ないか
僕はもう だめ……
ひとりで 悩んでいても 元気が出ないよ
へいき さ……
いつまで そうしてるの
だって ……
ハ・ハカセ…!!
さあ 悩んでないで 私とキャッチ ボール しよう!!
とつぜん

君はどんな授受作用をしているかな？

まっまってよ
そらいくぞ
うまいうまい
かみさま→
←かみさま
なんだか僕元気になったみたい!!
アリガト
みんなが心配してるからチームに帰るね
ゼイゼイ
ゼイ
よかったね
解説！
お互いに、自分から進んで相手に良いことをしてあげまた、してもらったら感謝して受ける関係を「授受作用」といいます。神様は、授受作用の生活をする人に、真の愛のエネルギーをたくさん下さるので、その人はいつも元気もりもり!!必ず幸福になれるんだよ。
ゼイ
ゼイ
自己中心の生活はダメ!!

神様との授受作用が大切な理由

〇〇小学校
わあ きれいな お花
とらないで
ねえ この花 一本 もらって いこうよ
とらないで
えっ
でも……
大丈夫よ たくさん 咲いてる んだから
一本ぐらい 取っても わからない わよ
ピタッ
とらないで
へへ へ…

私取るのやーめた
あしたまた見にこようね
そうしましょう
ホッ
まこと君たちはこのまんがのように心にブレーキがかかって悪いことをしないですんだということはないかね？
あります
よんい博士どうしてそうなるんですか？
それではその理由を教えてあげよう

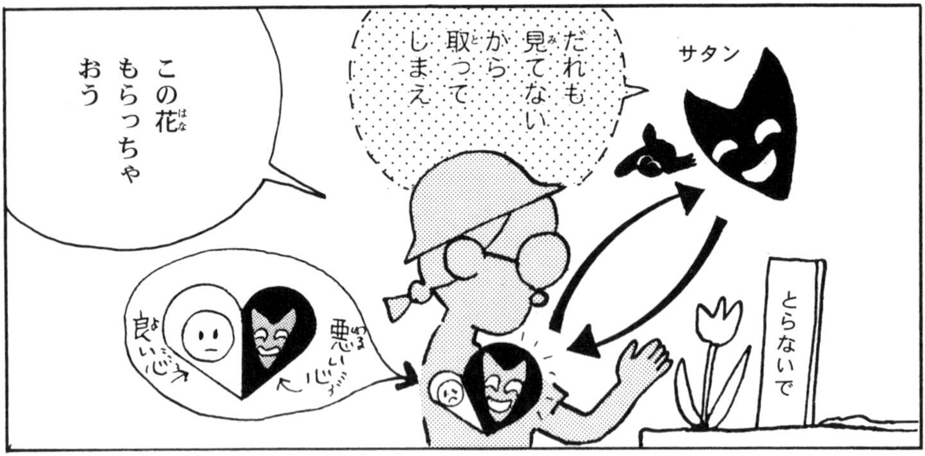
サタン
だれも見てないから取ってしまえ
この花もらっちゃおう
良い心
悪い心
とらないで

神様
それは悪いことですよ
ハッ
とらないで

もう少しで取るとこだった取らないでほんとによかったわ
神様
うれしいな
とらないで

わかったわ
心に神様がはたらくと
悪いことができなくなるのね
そのとおり
そのことを神様と
授受作用すると
いうんだよ
その反対に悪いことを
しようとするときは
心にサタンが
はたらいてるから
気をつけよう
サタン
神様
心
悪いことをしようとする
良いことをしようとする
悪い心
良い心

神様
お祈り
だれでも良い心を大きく活発にするためにはお祈りがとても大切なのだ
お祈りは神様との最高の授受作用なんだよ

お祈りをする人はこんなにすばらしい力を持つことができるんだ
健康でいつも元気!!
善悪がはっきりわかるようになる
NO!
サタン
自信と勇気に満ちあふれる
大丈夫!すぐ助けてあげるよ!

神様が一緒に住む所

さあ みんな 乗ったかな
神様の住んでいる所はどこだろう
よんいはかせのロケット
きょうはそれを発見しに行こう
ワーイ
ワープ
だから太陽や星たちが授受作用している宇宙は神様の住む家なんだよ
神様は授受作用する世界にしか住めないのだ
うわーっ宇宙だ!!
今度はミクロの世界へ行ってみよう
ちぢんでくーで
シューーーッ
?
キャーッ
←か
(なぜ'か'がでてくるの?)
もっと小さくなれーっ
↑かの目
シューッ
目に見えないミクロの世界もみなプラスとマイナスが授受作用してるんだ
ここにも神様が住んでいるのね
なーにこれ?

さあ こんどは 地球へ 戻ろう
ワープ
コワーイ
ドドーン
かみなりはプラスとマイナスの電気を神様が結ぶから音が出る
へえーっかみなりも神様の家なのね
ドドーン
わーい自然ってほんとに美しいわ
自然界もすべて授受作用しているので調和に満ちている
生き物に子供が生まれるのもオス(プラス)とメス(マイナス)が授受作用してるからさ
ゲコ
ゲコ
どこー？
ところで神様が最も住みたい所はどこだろう
自然界のどこにでも神様が住んでいることになるのね
それはね家族が仲良く愛し合いために生きる真の家庭に神様は一番住みたいんだよ
ウレシイナ
かみさま
真の愛
純潔
神様のプラスとマイナスが目に見える形に分かれてそれが授受作用しもう一度一つに合わさると神様の住む場所ができる
神様
わたしも
分かれてでました
(＋) プラス
(−) マイナス
ひとつになりました
(合性体)
四位基台
(神様の家)
それを「四位基台」というんだ

作品ってぐうぜんにできるの？

3人が粘土で何か作っています
みんな作品できたかな
なかなかうまくできないんです
ではもう一度何を作るかはっきり心に決めてから作ってごらん
そうだ 私はお母さんの誕生日のプレゼントに「オモニムの像」を作ろう きっと喜ぶわ
僕は 真の神の日の記念に「地上天国」の世界を作ってみよう
地上天国
わくわくひろばで賞を取るために「自分の顔」を作るぞ！
わくわくひろば
ナンバーワン賞

できた！
完成！
グニャ
みんな何を作ったの？
オモニムです
「地上天国」ができました
はじめ君の作品は？
ペタ
「自分の顔」です！
作品はぐうぜんにはできません。この三人も、何を作るかはっきり目的を決めてから作ったので、すばらしい作品ができました。では、宇宙や人間はぐうぜんにできたのでしょうか。それとも神様は何かはっきりした創造目的を持って創造されたのでしょうか？
これ僕の創造目的！

神様が創造しようとされた世界

【神の子誕生①】

私たちが作品を作るとき、何を作るか決めてから作り始めることがわかりました。
では神様の場合はどうだったのでしょうか？
かみさま ←
神様にインタビューしてみます
この宇宙や人間がぐうぜんにできてきたと思っている人がいるけれどそれは大きな間違いです
私ははっきりとした目的を持って すべての創造を始めたんだよ
どうぞお話しください
どんな目的ですか？
それは天国を創造しようと思ったのだ
!?
てんごく……？

私は愛する対象がほしかった……一緒にいていつも喜びを感じられる対象が……
わたしの天国
ケーキの家
そして私が創造した後も…
自分たち自身でどんどん発展していく世界を……
もうあきた
私はピンときた！
な、なにを…
子供を創れば一緒にいても楽しいし
やがて子供たちが祝福を受けて結婚すればまた個性を持った赤ちゃんが生まれてきてみんな私を喜ばせてくれる
そうだ私の子供を創ろう!!
それも男の子と女の子を創ろう!!
やがて神の子たちによって神の国がどんどん広がっていく……これこそ天国だ!! このアイデアのすばらしさに私は圧倒されてしまった！
コーフンしてますね

神の子を創造される前に

【神の子誕生②】

神様へあい子さんのインタビューは続きます。

私は　男の子と
女の子を創って
とても
愛したかった
アダム
エバ
神様
お願ーい
はやく神の
子を創ってー
おっとっと……
そんなに急いで
神の子を創ったら
こうなって
しまうんだよ
何にも
なーい
さみし
いよー
あっ
そうか……
ねっ　何にもないところへ
いきなり神の子を創ったら
かわいそうだ
だから
まず準備を
したんだ
お母さんも
赤ちゃんが
うまれる前に
じゅんび
しますね
それはどんな
準備ですか？

私は神の子にとって最高の遊園地のような「地球星」を準備した
自然や生き物食べ物や美しいものもたくさん創造した
〈天使の話はあとで〉
神の子たちがいつまでも楽しく生活できる環境を私はまず準備したんだ
だから地球星は大きな遊園地のように楽しいものでいっぱいなのね
かみさま！ はやくかみのこをつくってください ぼくたちいっしょにあそんでもらいたいで～す
いよいよ神の子誕生も間近……

神の子ついに誕生

【神の子誕生③】

天使や宇宙や地球星
自然や生き物
食べ物すべての
準備が整ったので
神様はいよいよ
神の子を誕生
させること
にしました。
ちきゅう
かみのこって どんなこ だろう はやく みたいな～
ドキドキ
そわそわ
タネ
はやくうまれないかな～
まだかな
ユンセー
わーい かみのこがおうまれになったよー
あっちだーっ
あっちだ
いってみよー
あっちだ

待ちに待った神の子が、
神様の真の愛をいっぱい受けて
ついに誕生しました。
マンセー
マンセー
大自然の中で
天使たちに見守られながら
元気に誕生したのです。
アダム
エバ
おめでとう〜
かみのこってなんてかわいいんだろう
はじめまして
ぼくたちに
なまえをつけて
ください
きみは
イヌ
きみは
ネコ
タヌキ
チョウチョ
ミッキー
わたし
にも
なまえを
つけて〜
えーと
いま
・かん・が
・える〜
ありがとう
わたしのなまえは
カンガルー
ね
神の子の誕生は
神様の何よりの
大きな喜びと
なりました。

神の子と自然

【神の子誕生④】

天国
神の子アダムとエバは、神様の愛の中ですくすく育っていきました。神様は、ふたりの成長する姿に天国を感じていました。
アダム
エバ
だからサルが進化して、偶然に人間になったという進化論は大間違い！
まちがいだ!!
進化論はまちがいだ!!
いいにおい
きれいな色のこれは何？
ぼくたちはかみのこにおいしくたべてもらうためにつくられたくだものです
たいせつにおいしくたべてもらうと
うれしいのです
ああ何ておいしいんだろう
モグモグ
かんしゃしてたべてもらってうれしいな
たくさんたべてね

『旧約聖書』創世記第一章から五章の、アダムとエバのお話を読んでみよう。

ぼくは はしりかた おしえて あげるね
はやい はやい
わたしを みて かえる およぎも おぼえてね
アダムとエバは自然の中から
たくさんのことを学んでいきました。
はやく はやく
きのぼりも おもしろいよ
フウ フウ
うさぎさん どうして小さい うさぎさんが たくさんいるの？
わたしの あか ちゃんよ
小さい おさるさん かわいいね
赤ちゃん？
あっ これも 赤ちゃん…？

赤ちゃんはどうして生まれるの

【神の子誕生⑤】

わたしたち
おかあさんから
うまれたのよ
うさぎさん
赤ちゃんは
どうして
生まれる
の？
それは
わたしと
おとうさんが
あいしあった
からよ
愛し合う
って何？
ジャ
それはね
オスの
うさぎと
メスの
うさぎが
結婚することさ
パンパカパーン
パンパカパーン
時空をこえてる↑
君たちも
神様から結婚が
ゆるされて
祝福を受けると
かわいい
赤ちゃんが
生まれて
くるんだよ
モグラ

わーい すてき！ 神様 はやく私たちを 祝福してください！
かみさま
私もはやく ふたりを 祝福したいと 思っているよ
よんい はかせ 退場
そうすれば ふたりから 子供や孫が 大勢生まれて きて
地球星が 神の子たちで いっぱいに なっていく
ムーンワールド
祝福家庭
そうなることが 私の一番の願いであり 目的なんだよ それが天国の世界さ
わーい はやくそう なるといいな
わかりました 私たち神様と 約束しまーす だから成長 したら 祝福して くださいね
だから私が 祝福してあげる時まで 自然の中でいっぱい遊び 純潔を大切に守って いるんだよ
わかったわかった 私もその時を 楽しみにしているよ

神様と神の子

【神の子誕生⑥】

あのこえはなんだろう?
ピ
ピー
ピ
ニョキ
?
ヒェ〜!
もう一度チャレンジ!!
スミマセン
もうおどかさないでよ
あっ鳥の赤ちゃんだ!
アダムとエバは毎日いろいろな生き物にあいました。
ビー
ビー
ビー
ビー
はいごはんよ
またとってくるからまっててね
ピー
ピー
鳥さん自分は食べないの?
まずこどもにたくさんたべさせてからよ
イソガシ
イソガシ

あっ あめが ふって きた
こどもが かぜを ひかないように はっぱを かけて あげよう
オランウータンのつもり
おかあさんは いつもぼくを まもって くれるんだよ
神様は、アダムとエバから天国が完成されていくことを、心から楽しみにしていました。
ぼくも おとうさんと いると あんしんさ
あっち いけ
トホホ… ここれじゃ 近づけ ない
タジタジ
こわい さかなが きた！ みんなはやく かくれなさい
おとうさんの くちのなかなら あんぜんだ……
ザンネン
ニゲロ
ハプロクロミス オルナトゥス
生き物の 子供たちは みんな親から 守られて いるのね
僕たちも神様から愛され 守られているから いつも安心だね！

神(かみ)の子(こ)の行(い)く道(みち)

ピキッ
ペンギンをおそうとうぞくかもめ
完成(かんせい)
成長(せいちょう)
誕生(たんじょう)
卵(たまご)
つーん
とうぞくかもめにきをつけなくっちゃや
ゴトゴト
ゴトゴト
皆(みな)さん 神(かみ)の子(こ)以外(いがい)の動物(どうぶつ)たちは エスカレーターで上(うえ)へ運(はこ)ばれていくように何(なん)の誘惑(ゆうわく)にもあうことなく自動的(じどうてき)に成長(せいちょう)し完成(かんせい)するのです
これを原理(げんり)自体(じたい)の主管性(しゅかんせい)または自律性(じりつせい)によって成長(せいちょう)するといいます
むずかしいかな？
ゴトゴト
僕(ぼく)もあれに乗(の)りたいな！
神様(かみさま)の子供(こども)の行(い)く道(みち)
(責任分担(せきにんぶんたん)の道(みち))
ゆうわく
ゆうわく
ゆうわく
ゆうわく
ゆうわく
ゆうわく
ゆうわく
おっとっと 君(きみ)たちが成長(せいちょう)し完成(かんせい)するためにはこっちの「責任分担(せきにんぶんたん)」の道(みち)を行(い)かなければならないんだよ

動物とは違って神の子がこの道を登っていくとき目的を達成させまいとするいろいろな誘惑に出あうことがある
でも 神の子は自分自身でその誘惑に打ち勝って完成していかなければならないんだ それを神の子の責任分担という
さあがんばって行きなさい!
えーっそんなーだって高くてけわしそーぅ
でも三人は決意して、登りはじめました。
もうずいぶん登ったぞ
ヨイショヨイショ
フウフウ
とつぜん
ヒッヒッヒッ 君たち疲れたでしょう もう登るのやめてテレビでも見たら～
リモコン
うっ さっそく誘惑だ
おことわりします! 僕たち先へ進みます
キッパリ
あっ
まけた
キリッ
あっ今度は悪いマンガがたくさんある
おもしろいから読んでよ～
よんで～
マンガ
私たちムーンワールドしか読みません!
キッパリ
まけた
ぞくあくまんが
さすが神の子だなかなか手強いぞ!
わるいまんが
ゆうわく
まけた
まけた
マンガ
テレビ
責任分担の道
ねえもうへとへとだ 僕こんな道来るんじゃなかったよ
は、はじめくん…
あっそうだ これも不平不満という誘惑だ! 神様ごめんなさい 僕最後までがんばります
スック
その後も三人は、あきらめの心や自己中心の心、神の子の成長を妨げるいろいろな誘惑に出あいました。でも純潔を守り、お祈りしながら誘惑を退けて頂上に到達し、神様からとても喜ばれました。
ヤッター
はればれ
やられた
さすがかみのこ
ゆうわく
まけた
責任分担の道

永遠の世界

夏のある日
うううっ
お嬢ちゃんどうして泣いているの？
ううっ
セミが死んじゃったの
セミのぬけがら
それに私の大好きなおじいちゃんも去年死んじゃったの
だから悲しいの どうしてみんな死んじゃうの ううっ…
昇華式
ううっ
お嬢ちゃん このセミは死んではいないよ
だって動かないわ
それでは証拠を見せてあげよう
おーい セミくーん
ジー
ジー
ピッ
何ですか よんい博士
この子がセミの抜け殻を見て君が死んだと思ってるんだ
ジー
ジー

なるほど でも お嬢ちゃん 僕は死んで なんか いないよ
以前よりも もっと広い自然の中を 自由に飛び回っているよ
ジー
おいしい樹液も吸えるし 僕は今 最高に幸せに生きてるんだ
大空を自由に飛べるようになったのも その殻をちゃんと脱いだからだよ
羽化
だから安心してね
ジー
ジー
ピッ
よかった
実はお嬢ちゃんのおじいさんも死んではいないんだよ
えっ
おじいさんも肉体という殻を脱いで霊界へ行って今も生き続けているよ
時が来ればだれでも服を脱ぐように肉体を脱いで霊界に行くようになっている
霊界は自由で愛がいっぱいの永遠の世界なのだ
肉体は洋服のようなもの
霊人体
霊界へ
神様は永遠の愛の方です。だからいつも心が神様の愛の実感であふれていて祝福を受けて生きる人は、肉体を脱げばストレートに霊界で神様と一緒に生活ができるんだよ。
そのとおり
霊界
ストレート
あっ おじいちゃん
地上の生活でいつも人のために生きる心を持ち 実践する人が霊界では最も幸せに生きることができる
どうぞ
ありがとう

神様から生まれた私たち

うーん むずかしい…
良子ちゃん
人生
哲学
何考えてるの
私はいったいどこから来てどこへ行くんだろう
人生…
おじさんわかったら教えて
おじさん…
きっと私の人生はお母さんから生まれただ年をとって死んでいくだけだと思う
ヒュー
ヒュ
人生
哲学
半分だけ正解!
えっ半分?
哲学
なぜならその考えはこの世のことだけしか言ってないから半分なのだよ
この世…
あとの半分とは?
ギラリ
実は良子ちゃんはお母さんから生まれたというだけでなくそれ以前に神様から生まれているんだよ
ど、どういうこと??

真の人生
神様
私は良子ちゃんが地上で楽しい生活ができやがてまた私の所へ帰ってこられるように永遠のいのちを与えてあげたよ
良子ちゃんは初め神の子として私から生まれたんだよ さあこんどはお母さんから肉体を持って生まれなさい
そして地上の世界でうんと楽しい経験をしておいで
地球星は遊園地のようだよ 地上でたくさん楽しんだらいつか肉体を脱いでまた私の所（霊界）へ帰っておいで
オギャー オギャー
神様によって、すでに霊界と地上界の二つの世界が、良子ちゃんの生きる場所として用意されています。
地上に誕生した良子ちゃんに神様が願うことは、人のために生き、祝福を受けて子供を生み、自然を愛する神の子として成長することです。
ワーイ
ワン
教会学校
子供聖書
小学校
家庭
祝福
霊人体
やがて、地上生活を終えた良子ちゃんは、肉体を脱ぎました。
神様！帰ってきました 地上ではとても幸せでした
おかえり さあ今度は霊界で私と一緒にもっとすばらしい永遠の生活をおくろうね
霊界
地上界
昇華
良子ちゃんは神様の子供なのだ
おじさんありがとう私やっと人生の意味がわかりました！
ポイ

神様の安息が破られた時

【神様の悲しみ①】

神様は、アダムとエバから天国が完成していくことを楽しみにしながら、創造の技を終え、休まれました。
はたして神様の安息は、いつまでも続いたのでしょうか…よんい博士と一緒に天地創造の時代へ戻ってみましょう。
タイムマシーン
ワープ
ヒェ〜ここはどこ？
創造
天（霊界）
地（地上界）
神様がちょうど天地創造をはじめたところです。
霊界に天使たちを創造されました。
地上界には一日目（※）に光を創造されました。
二日目には、大空と雲と雨を…
三日目には、陸と海と木と草と花を…
四日目には、昼に輝く日と夜光る月や星を…
五日目には、いろいろな種類の魚や動物や鳥たちを創造されました。
ウワーッすごい！どんどんできていく！
今度は何を創造されるのかな
六日目、ついに神の子を創造する時がきました。神様はまず初めに万物のように目に見える形で、男の子と女の子の体を創りました。
そして次に、ほかの生き物には与えていない、すばらしいものを二人に与えました。

※「一日目」とは、二十四時間のことではなくある段階のこと。

す…すばらしいものって何だろうもっと近づいてみよう
神様
神様は、真の愛と永遠のいのちをもつ神様の霊を、二人の中にしっかりと入れたのです。
神様
神様の霊が二人の中に住むようになったので、この時から、アダムとエバは神様の血統を持つ本当の神の子になりました。
血統
（心情・霊）
神の子誕生
マンセー
霊界はればれ
アダム
エバ
それからというもの、神様と親子になった二人はそれはそれは楽しく神様と一緒に毎日を過ごしたのです。
すべての創造を終えた神様は、アダムとエバを祝福し、天国が完成する日を楽しみにしながら、満足して七日目に休まれました。
休もう
フフフ…
ところが……
すくすく成長していたアダムとエバにある日たいへんなことが起きました。それは……
堕落！
二人が堕落してしまったのです。この時、神様との関係が切れて二人の中の神様の霊は、自己中心なサタンの強い霊によって、完全に身動きがとれなくなってしまいました。
神様
超霊的ぺっちゃんこ状たい
ああ〜ああ〜ああ〜
神様の安息は、堕落によってむざんにも破られてしまったのです。
神様はそれはそれは悲しまれました。そしてアダムとエバも悲しくて毎日泣きました。

アダムとエバの堕落

【神様の悲しみ②】

アダムとエバの堕落は、どのようにして起こったのでしょうか。
聖書にはこのように書かれています。
神様はアダムとエバを創造し、三大祝福（※）を与えたあと「園のどの木からでも取って食べてよい。しかし善悪を知る木の実は取って食べてはいけない。それを取って食べるときっと死ぬであろう」と二人に戒めを与え、その戒めを守るように言われました。
そのあとへびが出てきてエバに言いました。「決して死ぬことなんかありませんよ。その実を食べると神様のように善悪を知る者となるでしょう」
エバは蛇の誘惑に負けて善悪を知る木の実を取って食べてしまい、それをアダムにも食べさせました。
すると、二人は裸であることがわかり、いちじくの葉で腰をかくして、木の陰にかくれました。
神様はそのことを知ってとても悲しまれ、二人を園から追い出しました。
これが聖書に書かれているエデンの園の堕落事件です。

※「三大祝福」＝個性完成、子女繁殖、万物主管。

『旧約聖書』創世記第二章から三章を読んでみよう。

ところで皆さんは、この話になぞがあると思いませんか?

なぞ1
口をきくへびとは何か。
(神様の言われたことを知り、人間と話ができるへびなんていませんね。ではへびではない何かのはず)

なぞ2
善悪を知る木の実とは何か。
(死んでもいい から食べたい木の実なんてありえません。これも別の何かのはず)

なぞ3
なぜ腰のところをかくしたか。
(食べたのだから口をかくすはずなのに、これも変ですね)
このなぞが解けなければ、アダムとエバの堕落の真相がわかりません。

アボニムは統一原理によってこのなぞの答えを教えてくださいました。

アダムとエバよ 純潔を守りなさい 死んではいけないから
ハイ
ハイ

①

エバさん 神様は純潔を守るように言ったけど 何も気にする必要はないよ 私と仲良くしようね
天使長ルーシェル

②

●なぞの本当の答え
1=天使
2=天使との不倫の愛
3=性的罪を犯したため

なぞが解明されたので、アダムとエバの堕落が本当はこのようにして起きたことが初めてわかりました。

エバは誘惑に負けてしまい、天使長ルーシェルと性的罪を犯してしまいました。そして不安になったエバはアダムにも同じ罪を犯させました。

霊的堕落
肉的堕落

③

純潔を失ったので二人は怖くなり、罪を犯した腰の部分をいちじくの葉でかくして神様の前からかくれました。

アダムはどこにいる

④

そして戒めを破ったアダムとエバは、そのままエデンの園にいることができなくなったのです。

⑤

堕落の原因

【神様の悲しみ③】

アダムとエバの堕落は天使長ルーシェルから始まったのです。
どうして天使が二人を堕落させるようになったのでしょうか。神様が天宙の創造を始めるときに戻ってみましょう。
神の子を誕生させる前にまず天宙を創造して準備しておこう
神様
まず初めにいつもそばにいて神の子を守ってくれる天使を創ることにしよう
フムフム なかなか りっぱに できたぞ
天使長ルーシェル
ルーシエルよ これから私が宇宙や地球星を創るから一緒に見ていなさい
はーい 神様
光あれ
ブラボー！神様の創られた宇宙はなんと広大で美しいのでしょう
そうだろう そうだろう
ルーシエルよ 次に青い星を創るから見ていなさい
ブラボー！地球はまるでサファイヤのようです
うれしいな 神様はいつも私を愛して話しかけてくれる
さあ いよいよ 私の子供を創る時がきた
ワク ワク
かみさま…
モミ モミ
目じりが下がってる
アダムとエバの誕生！

『原理講論』第二章「堕落論」を読んでみよう。

わっ かっわいい…
ルーシェルよ おまえは アダムと エバの僕として いつも 二人の 面倒を見て おくれ
しもべ
かわいい かわいい
二人が 大きく なったら 祝福して あげるからね 純潔を守って いるんだよ
かみさま…
目じり下がりっぱなし
モミ モミ
ルーシェルは、アダムとエバが生まれてからは神様が自分よりいつも二人のほうばかり愛しているように感じてきました。
自分もアダムとエバのように愛されたいな
僕 ルーシェル
さびしい気持ちになり、以前のように神様の愛を独占したくなったルーシェルは、だんだんエバを誘惑するようになっていきました。
あなたは とっても 美しい
あなたの ひとみは 黒豆の ようだ
あの夕日は 神様が あなたの ために創った のですよ
ルーシェルは自分の話にひかれてくるエバにますます刺激を受けていきました。
そして、とうとうルーシェルとエバは不倫の愛で結ばれ、霊的堕落をしてしまったのです。純潔を失ったエバは神様を悲しませたことに気がつきました。
アダム 私とても 悲しいの 助けて
あまりに悲しむエバの姿に同情したアダムは、神様の許しがない前にエバと性的罪を犯してしまい、今度は肉的堕落をしてしまったのです。
堕落してしまった二人は神様と一緒に住むことができなくなりました。
その園
エバを誘惑したルーシェルは、その後自己中心のサタンになり、今も私たちを誘惑し続けているのです。
堕落の原因は、愛を独占したいと思ったルーシェルの誘惑に負けて、アダムとエバが神様と関係がないところで、不倫の愛の関係を結んだところにあります。

堕落の結果

【神様の悲しみ④】

アダムとエバが、堕落した結果どうなったでしょうか。

二人が純潔を守って神様から祝福を受け、真の家庭をつくれば原罪のない子孫が生み増えていくはずでした。そしてエデンの園で天国の生活をおくることができたのです。

天上 天国
地上

しかし、二人は純潔を守れず、サタンの誘惑に負けて性的罪（不倫）を犯したため、サタンを親とする生活をするようになりました。

そのためにアダムとエバからは原罪を持つ子孫が生み増えていき、この地上世界は自己中心のはびこる地獄になっていったのです。

アダム
エバ
人類歴史
現代

原罪を持つ人が死んで霊界に行くと、その霊人体も自己中心の悪霊となるので、霊界もやはり地獄になりました。

悪霊

アダムとエバが堕落した結果、霊界と地上界が地獄になってしまったのです。今の世の中に犯罪や悩みや不幸が多いのもその理由からです。

霊界地獄
悪い心をもつ子供はいないか
いたいた
悪い心に入ってやる
地上界地獄

しかし今は希望の時代です。それは真のご父母様がこの世を支配しているサタンと闘い完全に勝利されたからです。そして、サタンが決して越えることができない分水嶺（※）の反対側（堕落圏と一八〇度違う世界）に、霊界と地上界の天国を完成させてくださいました。

サタンのいないこの新しい世界に、原罪を持たない神の子として生まれてきたのが祝福二世です。今後、祝福二世たちが祝福を受けて原罪を持たない子孫を生み増やしていけば、アダムとエバがつくれなかった霊界と地上界の天国がどんどん広がっていくのです。

霊界天国
真の父母
祝福
二世たち
成約時代（地上界天国）
サタンが越えられない
分水嶺
霊界地獄
入れない
堕落世界（地上界地獄）

※分水嶺＝水を分ける山の嶺

しかし、まだ堕落している環境が残っているので、だれでも悪い心を持てばすぐ悪霊が入ってこようとするので気をつけましょう。

こっちへおいで
向こうはおもしろそう
ゆうわくにまけちゃだめ
サタンが越えられない
分水嶺

サタンや悪霊に負けないためには、いつもみ言を訓読し、真のご父母様の教えを守り、お祈りをする生活が大切です。成約時代は、神の子が力強く天国をつくっていく時代です。

アダムの家庭にかけた神様の願い

【神の国めざして①】

堕落したアダムとエバを、神様はどうされたでしょうか。決してそのままにほうっておかれたのではありません。神の国をつくるためすぐ救おうとされたのです。

アダムとエバは最初に生まれた神の子です。ところがサタンに連れて行かれたので、神様は、アダムに供え物をさせて、神様のもとへ連れ戻そうとされました。
神様
アダム
神様 供え物を します どうか私の 罪をお許し ください

しかし、サタンも近くにいて言いました。
サタン
このアダムは罪を犯したから私の子供だ！ 救われる資格などない
いいや元々は私が創った神の子だ

堕落したアダムを、神様とサタンの両方で奪い合いました。

いたい
ビリッ
グイ
グイ
アダムはサタンの子だ
いいや元々は神の子だ

アダムを二つに裂いて神様とサタンの両方に分ければ死んでしまうのでそれはできません。そこで神様はアダムの二人の子供アベルとカインを一人ずつ神側とサタン側の子に分けることにしたのです。
アダム
あ〜いたかった
ヒリヒリ
カイン（長男）
アベル（次男）
二人の子供

では長男のカインをサタン側の子としてもらっていく
次男のアベルを神側の子にしよう

アベルとカインを神様とサタンで分け合ったあと、神様は言いました。
カインとアベルよ私に供え物をしなさい
はい
はい
神様供え物をしますどうぞお受け取りください アーメン
二人は真心をこめて供え物をしました。しかし神様は神側のアベルの供え物しか受け取りませんでした。
アベルよよく供え物をしてくれたねありがとう
このとき神様は、サタン側にいるカインにある願いをかけていました。それは……
アベルよかったね神様から供え物取ってもらえて…僕もうれしいよほんとにおめでとう！
ワワ
そして神側のアベルには、
ありがとう兄さんさあ僕と一緒に神様のところへ行こう
いかないで
そうしよう
そういって二人が仲良くすることでした。
神様 兄さんは僕の供え物を取ってもらえたことをとても喜んでくれました
弟 一緒に来ました
よく来たねこれでもう二人とも私の子になったよ！
ギュウ
トホホ…
このように神様の願いは、アベルとカインが仲良く心を一つにして神様の元に帰ってくることでした。そうすればアダムの家庭からはサタンがいなくなり、神様はアダムの家庭からもう一度天国を出発させることができたのです。
うれしいなこれで
二人とも愛せる
もうだめっ
しかし、実際はカインがアベルに『おめでとう』と言えず、かえってねたみや憎しみの心がわいてきて、アベルを殺してしまったのです。そのために、サタンが支配する歴史が続くようになり、天国実現の時が遠ざかってしまいました。

イエス様にかけた神様の願い

【神の国めざして②】

神様は、アダムとエバの家庭がつくれなかった神の国を、イエス様に再びつくってほしいという願いをかけました。しかし、サタンは天国をつくられては困るので、いつもイエス様を殺そうとねらっていました。イエス様はどんな一生をおくられたのでしょうか。
イエス様は生まれたときから苦労されました。
寒い馬小屋で生まれるなんて ほんとにかわいそうな子だわ
ヘロデ↓
二歳以下の子供をみんな殺せ！きっとその中にイエスがいるにちがいない
ある日、イエス様が四十日断食をしていた時、サタンが近づいて来て言いました。
おなかがすいたろう この石をパンに変えてみよ！ わしにひれ伏して拝め！
サタンよ退け！ただ神様だけを信じよ！
イエス様はきびしいサタンの試練に勝利され、三十歳になった時、天国をつくるために伝道を開始しました。
悔い改めよ 天国は近づいた！
心の清い人はさいわいだ 彼らは神様を見るであろう

ああ すばらしい！ イエス様の話を聞くと魂がふるえるわ
力強いみ言によって、イエス様を信じる人々がだんだん増えていきました。でもイエス様に人気が出てくると、ほかの宗教指導者たちはとてもねたみ始めました。
けしからん！ われわれの弟子がみんなイエスについていってしまうぞ 早くイエスを殺してしまおう
律法学者↑ ↑パリサイ人
やい イエス！ おまえは間違っている 偽キリストだ！ みんな イエスを信じるな
イエス様を信じる人が増えれば増えるほど、迫害も激しくなっていきました。そのためにはじめ信じていた人も、迫害に負けて、イエス様のもとを離れていく人も出てきました。
弟子のイスカリオテのユダも裏切って言いました。
イエスのいるところを教えるから つかまえなさい
よし よし
とうとうイエス様は反対する人たちにつかまり、十字架にかけられてしまったのです。
神様 私を殺そうとしている この人たちを許してください
私の霊を神様にゆだねます
神様はイエス様の死をとても悲しまれました。でも自分を殺そうとする者さえも救おうとされるイエス様の愛の心を喜ばれたのです。
わしはイエスの肉体を殺すことができた、しかし イエスの愛の心には完全に負けた
神様がイエス様にかけた願いは、地上に天国をつくってもらうことでした。しかし、イエス様と一緒に天国をつくるために頑張る人が一人もいなかったので、サタンはイエス様を殺してしまいました。神様は悲しみにくれました。でもサタンに勝利したイエス様の、「ために生きる」愛の心があるので、復活して霊的に弟子たちに会うことができるようになりました。そして霊的救いの道を開かれたのです。
私は天国を完成させるために 必ずまた来ます！

イエス様の弟子たち

【神の国めざして③】

イエス様の死後、ばらばらになった弟子たちはその後どうなったでしょうか。
マルコ

十字架にかけられた後、霊的に復活したイエス様は、弟子たちをオリブ山に集めて言われました。
世界中にみ言を広めなさい

霊的なイエス様が四十日間弟子たちに現れた後、ペンテコステ（五旬節）の日に炎のような聖霊が弟子たちに注がれました。
すると、弟子たちのそれまでの弱い心は、神様の愛と勇気といのちに満ちた強い心に生まれ変わりました。

弟子たちは、それからは燃えるような信仰心でみ言を人々に伝えていったのです。
悔い改めよ天国は近づいた！
イエス様を信じなさい
偶像を拝んではいけません
イエス様の名によって病気よ治れ！
わーいあるける
ハイ
神

ユダヤ人の魔術師ともたたかいました。
イエス様はメシヤなり
この人はすごい！まけた
イエス様が亡くなった後も、力強くみ言を語る弟子たちを宗教指導者たちは恐れ、激しく迫害しました。ある日信仰心の強いステパノがつかまり……
伝道をやめろ
石でうち殺せ！
神様この人たちを許してください
なんてこの人の顔は美しいのだろう！
殺されても相手を許すステパノの信仰に感動した人たちは、大勢イエス様を信じるようになりました。
しかし、ねたむ宗教指導者たちの迫害もどんどんエスカレートしていきました。
おまえたちの教えは疫病だ異端だ！何もするな！
ある日、弟子のペテロがつかまり牢屋に入れられた時、天使がカギを開けて助けてくれました。
イエス様を信じる人をつかまえて殺すために、サウロがダマスコという所へ行く途中……
待てーみんなつかまえてやるー！
明るい光の中からイエス様の声を聞きました。
サウロよ！なぜ私を迫害するのか！
あっ目が見えない
その時からサウロは、だれよりも熱心にイエス様の教えを広める大伝道者になりました。
このように聖霊によって強く生まれ変わった弟子たちは教会をつくり、迫害や死をも恐れず、人々にどんどんみ言を伝えていきました。たくさんの奇跡もおきました。そして、弟子たちの伝道活動はユダヤにとどまらず、ローマやエジプト、ギリシャ、シリヤ、トルコなどへと展開していきました。このようにして、世界中にキリスト教が広まっていったのです。

真（まこと）のご父母様（ふぼさま）

真のご父母様と私たち

イエス様の歩み

ユダヤの国
ベツレヘム
すばらしいな！
イエス様がメシヤとしてお生まれになった

イエス様は、神様と自然から多くのことを学びながらすくすく成長していきました。
ガリラヤの町
ナザレ

やがてイエス様は大人になりました。
イエス様が何か話してる
聞きに行きましょう
皆さん悔い改めましょう もうすぐ神の国ができます
空の鳥を見よ
野の花を見よ
皆さんはほんとは神の子なのです
私と一緒に神の国をつくりましょう

くやしい！
だれもわれわれの話を聞きに来ないぞ！
イエスのほうばっか
イエスをこらしめてやろう……
悪い考えはいけません
このような素直な者が神の国に入れるのです
な 何だとわれわれより子供の方がえらいというのか！
グヤジイ…
イエスはなまいきだ！
十字架にかけよ！
殺してしまえ！
イエス様は、神の国をつくる前に殺されてしまいました。

それを見ていた神様の悲しみがあまりにも大きかったので、世界中が真っ暗になったほどです。
神様
ああ ああ 何ということをしたのだ……………
INRI

イエス様は生きているうちに神の国をつくろうとされたのだ でもそれができなくなってしまった
イエス様がかわいそう
グスッ
ひ…ひどすぎる
もう神の国はできないの?
大丈夫!
それは文鮮明先生(アボニム)が一九二〇年陰暦一月六日韓半島の定州にご聖誕されたからだよ
韓半島
平安北道
定州

この日を私はずーっと待っていた
オギャー
喜び喜べ！再臨のメシヤアボニムがお生まれになったよ!!

アボニムは、少年時代に自然の中でたくさん遊び、神様の心情やその願いについて学んでいかれました。

いじめっ子を見ると、大きい人でも注意するほど勇気があったので、友達からとても信頼されていました。

よく祈り聖書もよく読まれました。
聖書

満十五歳のある日、霊的なイエス様が現れて、アボニムに「自分に代わって神の国を完成させてほしい」と願われました。
成長したアボニムは決意しました。
皆さん私と一緒に神の国をつくりましょう！
でも、アボニムを迫害する人たちがいたのです。
やい神様の話をするな！
牢屋に入れ！

きつい仕事をさせて苦しめてやろう
もっと働け働け！
神様
どんなにつらいことがあっても私は神の国を必ずつくって見せます……どうか安心していてください
君は体が弱いんだね私が代わりに持ってあげよう
あの人は いつもために生きる人だ
あの人の愛の心にもう われわれはかなわない…

アボニムは、無実の罪で入れられた牢屋の中で大変苦労されました。
そのような中でもアボニムは、ご自分の苦労よりも、アダムとエバの堕落によって神の国を失った、神様の悲しみをいつも慰めてこられました。
そして、早く神の国をつくって神様に喜んでいただこうと決意を強く固めたのです。

真のご父母様と真のご家庭

韓鶴子夫人
オモニム
文鮮明先生
アボニム
サタンに勝利されたアボニムは一九六〇年陰暦三月十六日オモニムとご聖婚され真の家庭をつくられました
そして私たちをご自分の子女としてくださいました

神の国は
真のご家庭から
始まっているのです。
神様
そして私たちの
努力によって
神の国がどんどん
広がっていくのです。
神の国
早く地球星を
神の国にしよう
地球星

ご聖誕日と私たち

一九二〇年陰暦一月六日は、真のご父母様ご聖誕日です。世界中でお祝いします。
博士 どうしてご聖誕日はそんなにすばらしい日なのですか
ではそのお話をしよう
初め神様は神の子アダムとエバを誕生させ、いつも交流していました。そして一緒に霊界と地上界の天国をつくろうと計画しておられました。
かみさま
アダム
エバ
ところがアダムとエバが堕落してしまったので、サタンは神様と神の子である人間の間を、厚い霊的な扉で閉ざして交流できないようにしてしまったのです。
アダム〜
エバ〜
ドンドン
バタン
神様――
それ以来人間は……
ああ神様はどこにいるの
人生の目的や意味がわからない
宗教
哲学
人がねたましい
ああ何をやってもおもしろくない
どしたの
いじめてやれ！
キャー
神様と交流できなくなってしまったので、世界には、悩みと悲しみが満ちるようになりました。
早く神の子が現れないかニャ〜
イタイ
ニャー

しかし神様は、離れてしまった人間をいつもいつも救おうとしてこられました。そして人間ももう一度神様と出会って神の子になろうと、必死に求めてきました。でも扉はかたく閉ざされたままです。
ドンドン
ドンドン
会いたいよー
オギャー
このような状態のとき、アボニムは一九二〇年陰暦一月六日、定州にご聖誕され、オモニムは一九四三年陰暦一月六日安州にご聖誕されたのです。
アボニムは真剣な祈りの生活の中でついに統一原理を解明！
統一原理
そのみ言でアボニムは、長い間神様と人間との間を隔てていたサタンの厚い霊的な扉を、粉々に砕かれたのです。
統一原理
バリーン
そのおかげで神様と人間はまた交流できるようになり、神の子に戻れるようになったのです。
あいたかったよ
神の子として誕生した私たちにとって、ご聖誕日は特別に記念すべき大切な日なのです。
ご聖誕日おめでとうございます
ご聖誕日がすばらしい日であるのは、私たちを神の子としてくださった真のご父母様がお生まれになった日だからです。離ればなれになっていた神様と神の子が、また出会えるようにしてくださった天国の始まりの日だからです。
真のご父母様のご聖誕日を心からお祝いしましょう。

真のご父母様にならって

感動
偉人伝
エジソン
リンカーン
君たちはどんな人になりたいの
思いやりのある人
他のために生きる人
偉人のような人
偉人は苦労して人のために生きた人なんだよ だから神様からとても愛されるんだ
しかし神様が最も愛されるのは聖子（神の子）なのだ
聖子……
聖子とは、神様の願いに生きる人のこと。二千年前にイエス様は神の子としてお生まれになり、神様の願いである天国をつくるために、生涯をささげた聖子なのだ。
しかし、人々はイエス様を信じることができず、十字架にかけて殺してしまったのだ。
神の国が遠くなっちゃったの？
たしかに戦争や不幸が今なお続いているけれど 今大きな希望の時がきているんだよ
イエス様の後天国を完成させるために アボニムがご聖誕されたからだ
天国は近づいた!!
原理
アボニム
でもアボニムを信じない人はアボニムをとても迫害したんだ……

…………
……………
………
しかし、アボニムの人類を救おうとされるはたらきには変わりありません。そんなアボニムの姿を見て、
人々の心はだんだん変わっていきました。
み言を聞きに行きましょう
統一教会
文先生を信じてついていこう
アボニムを、再臨のメシヤと信じる人たちがどんどん増えていき、今では世界中の人たちが真のご父母様から祝福を受けるようになりました。
どうして真のご父母様のところに、そんなに大勢の人たちが集まるの？
それはご父母様が真の聖子だからだよ
人間はだれでも理想の人を求めているよ。正義の人。真理の人。天使と万物を愛し従える人。神様からも頼りにされる人。そして、人類を祝福し平和をもたらす真の愛の人。
そのような真の聖子は、唯一真のご父母様しかおられません。世界中の人たちが真のご父母様のもとに集まってくるのは、そのことに気づきはじめたからだよ。
君たちが学校や生活の中で、悩んだり、くじけたりしたとき、人類唯一の真のご父母様の子供であることを思いだそう。天使も応援し、必ずどんな問題でも解決するはずだ。
私たち真のご父母様にならって神様から愛される人になります
神様孝行します
僕 真のご父母様のような聖子になるためがんばります

神の国は近づいた

ワシントンD.C.
ディーシー

一九九七年十一月、アメリカの首都ワシントンDCで、第三回「世界文化体育大典」が開かれ、人種、宗教、文化の違う人たちが世界中から集まりました。

この大典は、真のご父母様が神様を親とする人類一家族の世界をつくる目的で開かれたのです。

ロシア正教、ヒンドゥー教、仏教、イスラム教、キリスト教、シーク教の指導者たちも大勢参加して、真のご父母様をたたえました。

別々の教えを持つために、今まで分裂してきたようないろいろな宗教が、アボニムとオモニムの前に一つになったのです。

また、世界中から集まった元大統領や首相、ノーベル賞受賞者たちも、真のご父母様を賛美し神の国をつくることを決意しました。

この大典の中心は、十一月二十九日にロバート・F・ケネディ・スタジアムで行われた四〇〇〇万組の世界祝福式です。参加したカップルたちは真のご父母様によって血統転換され、「神様の住む真の家庭」を相続する祝福を受けました。

同時に世界百八十五か国でも、衛星通信で祝福式が行われました。

かんど〜っ!!
パスポート

お兄さん、お姉さんたち

この祝福式の中でも、真のご父母様が最も誇られたのは祝福二世の祝福です。アダムとエバ一組が堕落したために、人類歴史がこんなにも悲惨な歴史になったことを考えたとき、堕落していないアダムとエバの立場の祝福二世たちが四百組も祝福を受けたこの日は、神様とすべてが喜ぶ歴史的な一日となったのです。

今、世界がサタンに支配されていて、自然破壊や犯罪、病気、戦争などで人々が不幸な状態にあったとしてももう大丈夫！

この大典の勝利によって、サタンの歴史が切り離され神の国がはっきりと近づいたのです。

神様の国

話(はなし)のプレゼント

大きくなったプレゼント

おや！神様が何か話している。
みんなに一つずつプレゼントをあげよう
今度 私がくるまでこのプレゼントがどれだけ大きくなっているか楽しみにしているよ
それまで開けないで持っていなさい
ハーイ
ありがとうございます神様！
約束だから開けずにここに置いておこう
プレゼントを大きくするってどういうことだろう
傘がないのね送っていってあげる
ムク
ムク
わっ大きくなってるなぜだろう
お手伝い…
勉強…
ムク
ムク
お祈り…
ア〜メン
하나님
참아버님
참부모님
かんこくご
아야
わーっ

マタイによる福音書第二十五章十四節から三十節の、「タラント」のたとえ話を読んでみよう。

犬の散歩 つれてってね
ハーイ
ムク ムク
あっ
君 弱いもの いじめ するな!
ムク ムク
修練会 参加・訓読…
みことば
代表祈祷…
サランエ ハナニムアボジ
うわー!
ポイ
ヤーイ ヤーイ
かえして
ときがたち…
さあみんな 私が預けた プレゼント 見せてごらん
神様 私のこんなに 大きくなり ました
僕のもこんなに大きくなりました
あの~ 僕のは前の まんまです
私の心だわ!
神様と真のご父母様を心から大好きになれる人。み言を学び、お祈りをよくする人。思いやりの心で人のために生きる人。自然を愛し元気いっぱい遊ぶ人。そのような人の心は神様の愛でどんどん大きくなり、輝いてくるのです。
それでは プレゼント 開けて ごらん
うわー

きつねとかめとさる

ここは動物村
きつねさん かめさん さるさん 手紙でーす
えっ だれから？
ウワーッ 外国語の 手紙だ
ぜんぜん 読めないよ
どらどら… これはK国の 王様からの招待状だ わしが読んでやろう
私の国に3人を 招待します 1か月後に迎えに 行きますから ぜひ来てください
ヤッター！ でも どうしよう 言葉が 通じないよ
大丈夫 わしが K国語を教えよう すぐ勉強を 始めなさい
それから三人はK国語の勉強を始めました。
K国語を 覚えるのなんか 僕の頭の 良さなら かるいかるい
この程度なら 僕は一晩で やれるさ そのうちやる ことにしよう
僕はのろい から大変だ でもK国の人 と話したいか らがんばろう

三人の性格によって勉強のしかたはまるで違いました。
さて、いよいよK国へ行く日がきました。
おむかえにきました
ここはK国、三人は国民から大歓迎を受けました。
そして、三人は王様からたくさんの名所を見学させてもらったり、毎日楽しく過ごしました。
すばらしい
けしき
ある日、王様は三人のために豪華な食事会を開いてくれました。
こんなおいしい魚は初めてだ！
これこそグルメ
うまい うまい
ではこの場で動物村のお客さんからお話を聞くことにいたしましょう どうぞ…
うっ
え えっへん ぼ 僕は頭がとてもいいです K国語なんか軽く覚えました テストは百点ばかりです K国には僕のような人はいないと思います
ペラペラ
じまんばっか..
うう あ…や…う…
トホホ…話せないぢゃ 勉強しとけばよかった…
パチパチ
僕はのろいけど 努力してやっと話せるようになりました みなさん！ ぜひ聞いてください 真のご父母様は今 天国をつくるために苦労しておられます
私たちも力を合わせて神の国をつくるために一緒にはたらきましょう！
この三人の中でK国の人たちの心を感動させたのはだれでしょうか。私たちは神様と真のご父母様を多くの人に知らせたいという熱い心を持ちましょう。でもそれだけでは半分です。真のご父母様に通じる韓国語を話せるようになってこそ満点なのです。

鏡の中の私

レナちゃんは、あまり体が丈夫ではありませんでした。
やーい泣き虫
なんで体育休むんだよー
悲しい心で家に帰る途中レナちゃんは森の中で倒れている老人に出会いました。
どうされました
おなかがすいているので歩けないのじゃ
このパンをどうぞ
ありがとう
やさしい子じゃ お礼に鏡をあげよう 毎日見るんだよ
学校でいじめられたレナちゃんは、まだ悲しい顔をしていました。
悲しい顔なんて鏡で見たくないわ
でもおじいさんとの約束は守らなければ……
おそるおそる
あら この鏡なんか変！
ある日、田舎のおばあさんが来て、レナちゃんにおこづかいをくれました。
おこづかい
大喜びで、レナちゃんはすぐほしかったぬいぐるみを、お店に買いに行きました。
ぬいぐるみ

うれしいので ぬいぐるみと一緒に 鏡をのぞくと……
あれ？
レナちゃんは、すぐ 十分の一献金のことを 思い出し、さっそく 教会 学校で 献金し ました。 すると……
献金
次の日
アーン アーン イヤーッ
やめなさい！
レナちゃんは、勇気を出して犬を助けました。
ひどいことをするいじめっ子だと、怒った顔のまま鏡の前に立ちました。
変ね どうして いつも違う 顔が鏡に 映るん だろう
はっ！
そうだ 良いことをしたとき いつも鏡の中の顔は笑顔だったわ！
そのことに気づいてから、レナちゃんは良いことを進んでやるようになりました。すると、体もどんどん丈夫になっていきました。
あっ おじいさん！
もう レナちゃんには この鏡が必要なくなりましたね
はい！
ところで おじいさんはだれ……
ボム
きえた……
おじいさんがくれた鏡は「良心の鏡」だったのですね。良いことをすると良心はいつもニコニコするのです。そして神様と真のご父母様の心も同じようにニコニコするのです。

動物も喜ぶ天国

ここは寒い国の高山
キチ〜ッ
キチ〜ッ
キチ〜ッ
キチ〜ッ
キチ…
なきうさぎ（※）さんどうしていつも泣いてるの
オオタカさん
だってアダムとエバが堕落したので私たち神の子から愛されることができなくなったからよ
それが悲しいの
うう……
僕の仲間のミサゴ（※）君たちも真の愛で愛されないまま苦しめられて絶滅しそうだと言っていた
なんだか僕も泣きたくなってきたよ
キチ〜ッ
あくる日もなきうさぎは泣いていました。
キチ〜ッ
キチ〜ッ
アッ
お〜いなきうさぎさん
グッドニュース
グッドニュース

※なきうさぎ＝頭胴長十五〜二十一センチメートル。高山や高原の岩のすき間や草原に穴を掘って生息している。二〜十三匹の子供を生む。

どうしたんですか そんなにあわてて
大発見！大発見！
この本見て！
神の国の私たち
今山の下の教会学校からもらってきたんだ
ぼくたち今まで神の子はいないいないって思ってきたけど
実はもう世界中に大ぜい生まれていたんだ
若い人たちが、大ぜい真のご父母様から
祝福を受けているよ。
そして神の子たちは神の国を広めるためにすでに準備しているんだって
ほんとみ言や学校の勉強をたくさんして将来に備えているんだって
み言
天国が始まっているのね もう私たち悲しまなくていいのね
早く神の子たちに会いたいわ
なきうさぎさんのこと教会学校の子供たちに話してきたよ
キチーッ
みんなおいで〜
キチ〜ッ
みんな喜ぶのよ！もう天国ができているのよ！
天国ばんざーい
神の子がんばれー
真のご父母様によってもう地球星はサタンから解放されているのです。それは、神様と神の子と万物が真の愛で一つになった地上天上天国が広がっているということです。
なきうさぎさーん いまいくよー

私のファッション

ーお知らせー
皆さん、今度ファッションショーを開催します。自分で作った服を着て参加してください。神様を喜ばせ、神様から選ばれた服を作った人には神の子の資格を与えます。
神様より
神様のファッションショーだってステキ!
ワイワイ
ワイワイ
私かっこいい服を作って参加しよう
ガヤ
ガヤ
私も頑張るわ
みんなは、神様から選ばれるにはどんな服がいいか考えました。
私の家はお金持ち 自分で作るよりは お父さんがデパートで 私に一番似合う最高の服を買ってきてくれるわ それを着て出よう
私はへただから お母さんに作ってもらおうっと
フフ
私は有名なデザイナーの服をまねして作るわ
ピエール ハナエ
私は超人気アイドルの服に似たのを作ろう きっとナンバーワンまちがいなしよ!
私の親戚は貸衣裳屋さん そこから借りてちょっと直せばできあがり
私の家は貧乏 でも私には自分の布があるわ その布で服を作りましょう
フクロハリ
ムーンワールド
いよいよファッションショーの当日 みんなは自分の服を着て出ました。
パンパカパーン
よろしく
ムーンワールド

楽屋
あら変な服ね あなたそんな服で出ないほうがいいわよ 笑われるだけよ
私 一緒に出るのやだー
キャッ キャッ
さあ みんな 出番よ
ハーイ
パチパチ パチ
エントリーナンバー
パチ パチ
パチパチ
パチパチ
パチパチ
さあだれが神様から選ばれ神の子の資格を獲得するでしょうか
緊張の一瞬です！
シーン
発表します！ 神様から選ばれた人は エントリーナンバー八番です！
パチパチ パチ
えっ うっそ
おめでとうございます！
パチ パチ パチ
神様どうしてですか 私たちの服の方がずっとかっこいいと思います
それはね みんなも頑張ったけれど 残念ながら人のまねをしたり 人に作ってもらったり 買ってきた服だから選ばれなかったのだよ
この子は自分の布で一生懸命自分で作ってきたから選ばれたのだ
わかりました 私も自分の布を持っていたわ これからは自分の布で自分で服を作るようにします
がんばろう
おめでとう
ありがとう
この物語の中の「自分の布」とは「個性」のことです。人と比較したり、人をうらやましがったり、真似したりするのではなく、神様から与えられた自分にしかない良さや個性に感謝して、それを発揮する人を神様は喜ばれるのです。

とても大切な根

神様はすべてのものを「根」を見ればそれが何であるかわかるように創造された
これは何の根かな
クエスチョン
①
②
答え
①ヤマユリの根
②タンポポの根
根がタンポポならば……
タンポポの根
花茎も
葉も
花も
種も
タネ
全部が完全なタンポポになるんだよ
ヤマユリの根からは決してタンポポの花は咲きません
なんかへん
タンポポ
ヤマユリの根
人間も同じなのだ
えーっ 博士 人間にも根っこがあるの～?
うごけなーい!

人間の「根」とは「心」のことです
心を見ればその人がどんな人かすぐにわかってしまう
正しい心の根を持つ人は悪いことができません
なんかへん?
正しい心
自己中心の心の根を持つ人は人のためになることをしません
なんかへん?
自己中心の心
私の心が「神様の愛」と「真のご父母様の心情」と一つになっていればそれが私の心の根になるんだよ
その人は顔も
手も
足も
体全部も
そして行動も
生活も、すべてが神様の喜ぶものとなり神の子として完成するようになっているんだ。
オリジナル子供聖歌
オリジナル子供聖歌
オリジナル子供聖歌
オリジナル子供聖歌
神の子の周りには、まだまだ悪い誘惑がいっぱいある。
教会なんか行かないであそぼー
べんきょうなんかつまんないよ
ヒヒヒ
お祈りと礼拝を大切に
誘惑に負けない強い心の根を持つために、み言大好きな神の子になりましょう。

自然(しぜん)は第一(だいいち)の聖書(せいしょ)

ここは昔のイスラエル
エヘン 神様について一番よく知っているのはわれわれだ
パリサイ人
トーラー
だから天国はわれわれのものだ
律法学者
あっイエスだ！
待ちなさい！この子供のようにならなければ天国には入れないのだ
イエス様
博士 なぜイエス様はこのように言われたのですか
それは 律法学者やパリサイ人たちは言葉では神様神様と言っていても「感動する心」を失っていたからさ
あ、あたってる
感動しないと何をしてもつまらないわ
感動しないと人の話を聞かなくなってしまう
神様が創造された人間や自然に感動し愛することができなければ生きてはたらく神様とは決して出会えないし天国とは無関係になってしまうんだよ

だからイエス様は小さなことにも新鮮に感動する「子供の心」が大切だと言われたのだ
ぼくはなんにでも感動するよ
カッコイイ!
それからアボニムは自然は「第一の聖書」だと言われたことがある
神様
第一の聖書
それは、神様は直接紙に文字は書けないけれど、神様が直接創造された自然は、神様が書かれた『聖書』そのものだという意味なのだ。もし自然に感動する心がなければ神様のこの「第一の聖書」のすばらしさを理解できないことになる。
僕たちが大好きな自然が第一の聖書だなんてすばらしいな!
この「聖書」はなかなかおいしいぞ!!
せいしょにかんしゃ
このせいしょ
きれい
モグモグ
バナナ
愛する心と感動する心で自然に接すれば、どんなに神様が神の子たちを愛しているかがわかるはずだよ。
ネムイ
自然の見方がかわったゾ
神様の愛をたくさんたべるぞ

迷子の小羊

ある所に百匹の羊を飼っている少年がいました。
もう ずいぶん 歩いて きたね みんな おなかが ぺこぺこに ちがいない
メェー メェー
さあ やっと 野原に着いた おいしい草を たくさんお食べ
みんな無事か 数えてみよう
一、二、三、……… 九十七 九十八 九十九… 九十九っ
九十九っ 九十九っ ………
あっ 小羊の ラミィが いない ………
大変だ!
牧羊犬
すみません ぼくがいたのに
僕は ラミイを 探しに 行ってくる おまえは ここで残った羊をちゃんと見ているんだよ!
ワン
ラミィ ラミィ
ラミィ ラミィ
ラミィは どこだろう
ハァ ハァ
見つからなかったら どうしよう
ウォ
お おおかみだ! ラミィが あぶない!
ズル

このお話の元になったイエス様の「たとえ話」ルカによる福音書第十五章四節から七節まで読んでみよう。

うわ！
ラミィはきっと一人でふるえているにちがいない
ラミィ――
へ へび…
ラミィ―― へびに咬まれてたらどうしよう！
ラミィ どこー
ラミィ
フゥ フゥ
ラミィだっ！
メェー
ラミィ 心配したよ！ もう大丈夫すぐ行くからねー
ラミィ
ハァ ハァ
フゥ フゥ
ラミィ
もう見つからないかも
あっ
ああ よかった 無事で
みんな喜んでね ラミィは無事に見つかったよ
ワンワン
メェー
さあ みんなの所へ帰ろうね

小羊のラミィが無事に帰ってきてよかったね。このお話は、一人でも不幸な人や悲しんでる人がいれば、必ず捜し出して助けようとされる、神様と真のご父母様の真の愛を表しています。神様を知らない一人の人が統一原理を学んで神様のことを知るようになれば、神様と真のご父母様の喜びはとても大きいのです。

み言と私

ある日、種蒔きの人が種を蒔きました。
(道ばた)
(石地)
(いばらの地)
(良い地)
すると……
チッ チッ
(道ばた)
(石地)
(いばらの地)
(良い地)
●道ばたに蒔かれた種は、すぐ鳥に食べられてしまいました。
●石地に蒔かれた種は、すぐカラカラに乾き枯れてしまいました。
●いばらの地に蒔かれた種は、芽は出ましたが、いばらにおおわれていてそれ以上には育ちませんでした。
●良い地に蒔かれた種はどんどん大きく育ち、やがて実を結ぶほどになりました。そして百倍以上に増えました。

このお話はイエス様の「たとえ話」を元にして描きました。マタイによる福音書第十三章三節から二十三節まで読んでみよう。

皆さん このたとえ話は み言を聞いた 人たちの ことを言って いるのです
「道ばた」に蒔かれた種とは　み言を聞いても理解しないためにせっかく聞いたみ言をサタンに奪われてしまう人のことです
「道ばた」タイプ
み言
み言
み言
「石地」に蒔かれた種とはみ言を聞いてもその場かぎりのもので
すぐ忘れてしまう人のことです
「石地」タイプ
み言
み言
ピコピコ
「いばらの地」に蒔かれた種とは　み言を聞いても悪い誘惑に心を奪われてばかりいて心がなかなか育たない人のことです
「いばらの地」タイプ
ゲームセンター
うわさ話
ファッション
み言
み言
「良い地」に蒔かれた種とは、み言を聞いてよく理解し実践する人のことです。その人は神の子としてりっぱに成長し、祝福を受けて子孫にも恵まれます。そして他のために生きて霊界では神様と真のご父母様と一緒に永遠に生きることができるのです。
「良い地」タイプ
み言
み言
み言
み言
み言

地球星の希望

クリスマスイブ
今年も世界中の子供たちにプレゼントをたくさんあげに行こう
みんなの喜ぶ顔が浮かぶわい
だいぶ地球星に近づいてきたぞ
うっ
ゴホゴホ
うっ何だこれは
すごく汚い空気だ このごろ地球星の色が変わってきている
昔は青くて美しかったのに
CO2
これでは将来が心配だわい

おや いろいろな 国に光が たくさん 見えるぞ 一体なん だろう？
真のご父母様 良い子になります …ムニャ
MOON WORLD
ムニャムニャ 私 神の国を つくるために がんばり ます
ムーンワールド
自然を 大切にするよ ムニャ
MOON
そうか 真の ご父母様の 教えを受けて いる神の子 たちの光 だったのか
このような神の子 たちがいれば 地球星の未来に 希望が持てるわい これなら安心安心
メリークリスマス
ヤッホー
さあ 今年 もみんなに たくさんの プレゼント をあげるよ これからの 地球星をよ ろしくね
ムーンワールド

神様の目と耳と口

神様は僕たちみたいに目や耳や口がないから見たり聞いたりできないのかな
そうね
あのー神様お聞きしますが神様はおいしい味や美しい音楽に感動したりできないのですか
うっとり
おいしい!
インタビューマイク
↑神様
心配してくれてありがとうでも大丈夫ちゃんと見たり聞いたりしてますよ
よかったわでも目や耳や口がないのにどうしてできるんだろう
ふしぎ
ふしぎ?
それはね君たち神の子の目や耳や口が私の目や耳や口になるんだよ
えっ私たちの目や耳や………
この口が……
私はいつもみんなの心の中に住んでいて 元気パワーや創造力を与えたり 病気から守ったりしているよ
元気パワー
創造力
いつも一緒
近づけない
病原菌

だから私が一緒に住んでいる心を持つ神の子たちの経験は同時にみんな私の経験になるんだよ
このカレーライスとってもおいしいわ
おいしいおいしい
神の子が心からおいしいと思って食べれば　私もその心の中で一緒においしいと思って味わっているよ
神様と関係なく自分中心に食べる人の場合は…
あーはらへった
ガツガツ
あーくったくった
ゲップ
神様が一緒に味わうことができません。
かわいいな
ゴロニャン
めんこいめんこい
オリジナル子供聖歌
いい曲だうっとり
うっとり
子供かいたつもり
美しい景色……感動！
ああなんて美しい世界を私は創造したのだろう！自分でも感動してしまう
みんなの心がさらに私と強く結ばれていくと君たちの見たり聞いたり食べたりして感じる感動が今までの何百倍　何千倍といえるほどアップすることを知ってね
超超オイシーッ!!!!
?
神様は私たちを通して何でも感じているんだね。これからはもっと美しいものを見たり聞いたりして神様をうんと感動させてあげよう！
そうしよう

元気のみなもと

まっくら
まこと君 早く 電気をつけて！
ちょっと待って 変だな いくら スイッチ入れても つかないんだ
パチッ
パチッ
パッ
あっ はかせ
僕たちの ときは どうして つかなかった んだろう
？
？
それはね コード がコンセントから 抜けていた からさ
電球を つけるため にはコードを ちゃんとコン セントにつなが なければいけ ないよ
あっ ついた
コンセント
コンセントから 抜けば……
キャー
スポッ
コンセントに つなげば 元から電気が 流れて来て 電球が明るく つくように なっている
電気
コンセント
人間の心も 同じだよ
えっ 人間もですか

元気がない
自信が持てない
なまけ
人の悪口をいう
ねたみ
病気
ごうまん
いじめ
けんか
例えば このような状態は スイッチを入れても つかない電球 みたいだ
えっ つかない 電球 みたい？
ではどうしたら 明るくついた状態に なれるんですか
そのためには 私たちの心を 心の源のコンセント につながなければ いけない
神様につながれば…
おもいやり
健康
しあわせ
元気
自信
よろこび
真の愛
元気パワーが 流れてくる
神様の子供になる
心の源のコンセントとは 生きてはたらく「神様」 のことなのだ だれでも 心が神様と授受作用でき るようになれば神様から 真の愛といのちがどんど ん流れて来て明るく輝く 神の子になれるんだよ
神様と 真のご父母様を愛し、 思いやりの心で みんな仲良く 生活をする、 光り輝く神の 子になろう。
み言を学ぶ
お祈りをする
ために生きる
かたもみ
み言
聖書

太陽人間と月人間

この二人はまったく違うタイプの人だよ
えっ どこが違うの
ではあかりを消してみよう
パチッ!
あっ 一人は太陽のように光り もう一人は見えなくなってしまった
では この二人を太陽人間と月人間と呼ぶことにしよう
太陽人間は、表面も中身からも光る発光体の太陽のようです。
太陽人間
月人間は、外から光を当てると表面だけは光るが中身は岩と土でまっくらな月のようです。
月人間
僕はどっちのタイプ?
ははは……今の話は体のことではなく霊人体(心・魂)なのだ
でも体は同じに見えます
たしかに外見は同じように見えるけど その行いを見ると タイプの違いがはっきりわかるんだよ

どんなふうに？
では二人に何か頼んでみよう
犬のさんぽとトイレットペーパーの取りかえやってね
とくべつしゅつえん
めんどくさいな
月人間
いやだな
やれやれ
シブシブ
テツ
ワンワン
OK
はーいもうとっくにやってありまーす
みこと
太陽人間
●人から言われなければ、なかなか行動しないタイプは月人間。
●良いと思ったことは、人から言われなくても進んでやるタイプは太陽人間。
太陽人間は、どうして良いことを積極的に行うかというと、霊界に通じていて、霊人体が神様から愛のエネルギーをいっぱいもらっているからです。
ハレバレ
霊界
ズッシリ
地上界
月人間は、神様に通じにくいため、愛の心が弱くなり、つい自己中心になってしまいます。
真のご父母様は、霊界と地上界で最も強く光り輝いています。
© M.WATANABE
私たち神の子は、光の源である神様の愛を、真のご父母様からしっかり相続しましょう。
みんな、太陽人間に変身しよう。
どうしたら相続できるの？
そのためには神様がいらっしゃることと霊界が確実にあることを知り純潔心と思いやりの心を持って生活をすることだと思う
よく気がついたね いつも人から言われてばかりいると月人間になってしまうよ 良いと思ったことは進んでやりましょう

人生の目的

皆さん
人生の目的を
持っていますか
人生の目的を持つということは
長ーいものさしを
持つことと同じ
といえます
博士
持って
きました
よいしょ
よいしょ
おもーい
フウ
フウ
こんな長い
ものさし
どうする
んですか
じゃあ
それをあの遠くに見える
人生の目的に合わせてごらん
ヒェ
人生の目的
フラ
フラ
フラ
フラ
フウ
フウ
しっかり
みて
よいしょ
よいしょ

人生の目的
ピタッ
わーい ピッタリ 合った!
ヤッター
よかったね これで目的までのまっすぐな道ができたことになる
あとはその道をしっかりと歩いていけばいいんだよ
そうすればだれでも迷うことなく目的地に到達できる
たとえ迷っても道があるからすぐ戻れるもーん
しかし もし短いものさししか持っていなかったとすれば……
30センチ
それをいくらつなぎ合わせて長い線を引こうとしても、必ず曲がってしまうんだ。
だからできるだけ長いものさし(人生の目的、大きな目標)を持つことにしよう!
人生の目的
レレレ…目的がわからなくなっちゃった
がんばるぞー
もとへもどっちゃった
ヒェー
神様と真のご父母様も一緒に喜べる目的をはっきり決めて、その目的に向かって一生懸命努力しよう!
そうすれば君の目的は必ず達成されるよ。
皆さんは、幼いときから自分の好きなことを早く選択して、一生の間それを好んで努力し続ければ、世界的人物になれるということです。(み言)

特別旅行

キャッ
キャッ
本や
ゲームってほんとに楽しいな
でもあしたから三学期………
なんで勉強しなければいけないのかな
僕の家は本屋だから将来店番しているだけでいいのに……
勉強は苦労ばかり…やだやだ
君たち…君たち…
？ ？
どこから声が？
ここだよここだよ
あっよんい博士だ！
変だな電源切ったのに
君たちの話聞いたよみんな勉強きらいなの？
だって勉強する意味が見いだせないんだもん
なるほど…では私に着いてきてごらん
行きましょー

キャー
あっ
まこと君たちだ！
こんにちは
ところで
ここは
どこですか
ここは
ムーンワールドだよ
さあ
これから
特別旅行へ出発だ！
ヤッホー
あっ、ソンジャマン！
さあ
みんな
乗って
レッツ
ゴー
キャー
速ーい
高ーい
いってらっしゃー
ここはもう
外国…
こんにちは
グーテンモルゲン（ドイツ）
サワディーカ（タイ）
アンニョンハシムニカ
…………
わからない
僕たち日本の教会学校から来ました
カヂョン
メンセ
知ってますか
ウリカヂョンウン
アッラー
ハンニャハラミッタ
我は天地の造り主全能の父なる神を信ず
日本にいるだけではわからないけど世界にはいろいろな民族や宗教文化言葉があるんだよ
どうぞ
食べてください
おいしいよ

これからはすべての民族が真のご父母様の祝福を受けて一つの家族になっていくんだよ
そうなるといいな! 早くみ言を知らせなければ
み言
……
……
……
そのためには外国語や世界のことをたくさん勉強しておかないといけないね
では次へ行ってみよう
うわー宇宙だっ!
あっ流星!
私全部の星のこと知りたーい!
神の子たちが宇宙で生活するようになる時がもうすぐ来るんだよ
かんこう
宇宙ステーションが僕たちの家になるのかな
博士 僕宇宙飛行士になりたいです
デハ テストシマス
タイヨウケイノホシノナハ?
えーと白鳥座とオリオン座…
ザンネンデシタデハバイバイ
こうならないようにね
ふたご座かな…
さあ地球星に帰ってきたね地球は最も美しい星だけど今環境破壊でとても傷ついているんだ
そのために絶滅する動物も多い…
[絶滅動物]
テラーカイギュウ
ブルーバック
ドド
ウサギワラビー
タスマニアンタイガー
トキ
モア

早く神の子と自然がみんな幸せになれる神の国をつくらなければ……
まことのあいでしゅかんしてね
将来骨から恐竜や始祖鳥を生き返らせないだろうか
マイペット
自由に雲をつくれるようになれば砂漠を緑にできるわ
私空に雲で絵を描いてみたい
今度はクリオネ型潜水艦で海底探検だ！
すっごーい！神様は海の中にもたくさんの資源を用意しておられるんだね
何億ひきもいる魚を利用すれば飢えている人たちを救うことができるわ
君たちの発想はすばらしい！神の子たちが研究すれば何でも可能にちがいない。夢を実現させるためにも勉強が必要だね。
みんなが幸せになるために僕たちやることがいっぱいあるね！
ほんと！
今度はソンヨンにしっかりつかまっていなさい
ビュー
ようこそ弟妹たち
あっ！興進様がおられる…
なんだか今までと違うぞ……
天使！

私はみんなのことを愛しいつも守っているよ真のご父母様を安心させる神の子としてりっぱに成長してね
私が心を込めて宇宙を創ったのは君たちのためだから心ゆくまで地上世界を楽しみなさい…
神様だ
地上生活の後はもっとすばらしい霊界も用意してあるよそこは神様を愛しために生きる人たちや家庭を待っている永遠の世界なのだ
世界へ出て活躍するためにはたくさん勉強しなければならないね
僕も勉強する意味がわかってきた
地上界だけでなく霊界だってあるんだね!すべては僕たちの活躍舞台だ!
よんい博士ソンジャマンすばらしい旅行のプレゼントありがとう!
未来は君たち神の子のもの。たくさんのことを勉強して実力を蓄えていこう。
三学期始まる
おはよー!
おはよー!
う〜ん……
トローン
僕なんだかすばらしい夢見ちゃった……
僕も…
私もよ

神(かみ)の子(こ)

神様のお城の王子様と王女様

神様の子供である二世は神様のお城の王子様と王女様です。

真の愛
永遠の生命
血統

二世は、神様の「真の愛」と「永遠の生命」と「血統」を相続した立場の王子様と王女様です。

よんい
ほう
なるほど

神様のお城の中では、いつも二世たちが神の子として成長するために統一原理や聖書の勉強、礼拝やお祈りの生活をしています。

ピーポー
ソデのした

しかし、お城の外の世界では、神様の願いがわからないため酒や麻薬、ギャンブルやいじめなどの悪がはびこっています。また、人を苦しめてでも、自分だけ幸せになろうとする「自己中心」の堕落した世界になっています。

時が来たら、お城の王子様と王女様たちは、神様と真のご父母様に代わってその堕落した世界を神の国に変えるために、お城の外の世界へ旅に出なければなりません。

堕落した世界の悪のパワーは強力です。いろいろな誘惑に満ちています。

ポルノ
タバコ
酒
しげき
10000

神様の真の愛と、知恵と、力をしっかり身につけていなければ、たとえ王子、王女といえども逆にお城の外の人たちに倒されてしまいます。

アレ〜〜

だから、サタンの誘惑に満ちた世界で、神様の真の勇者として勝利するためには、子供の時からよくお祈りし、み言を学び、体も鍛えていつも神様の力をおびていなければなりません。

天のお父さま…
アチョー

真のご父母様、興進様、イエス様は、「真の愛」を持たれ、ご自分の幸福より先に、いつも人々（人類）の幸福を優先して生きておられます。神様のお城の王子様と王女様たちも、その立場にふさわしい愛の心を持ち、真の王様と女王様になって、この地球星を神様が住む国にしていかなければなりません。

神の国
祝福
人生ってすばらしいことがわかりました
神の子のおかげで神様がわかるようになりました
王様
女王様

とくに、王子様と王女様は神様の最も「大きな力」を身につけなければなりません。それは自己中心の人とは正反対に、たとえ自分が犠牲の道を行くとしても、いつも人のために生きることです。これこそが神様の願いであり、サタンも屈服する最大の力なのです。

神の子の幸せ

ねえ幸せってなんだろう すきな物をたくさん持っていることかな
お金をたくさん持っていればきっと幸せにちがいない
すきなものどっさり
しあわせ
あっはかせ
君たちほんとにそう思うかね
これを見てごらん
ボウ
わっはははは… わたしはサタン…
霊界と地上界のすべてをわたしは支配している
手下もたくさんいるぞ
みんなを思うがままにあやつってやる
わるい心をもった人たち
悪いことしてお金もザクザク
かわいそうな人なんか知るもんか

みんな切り倒してしまえ
木を売ればもうかるぞ
ナマケモノ
戦争をしかければいろんな国が手に入る
人の悪い心を支配すれば
何でも自分の物にできるぞ
いじめ
わっはははは…わしの好きなものは何でも手に入れた金銀財宝なんでもあるぞ
うっ
ふっとさみしい心が…
ショボン
かみさま
アボニム
オモニム
ああ…でもわしはちっとも幸せになれない…
何をしてもこころがみたされないのだ
そうか物をたくさん持っていてもただそれだけでは幸せにはなれないんだね
私たちは神様と真のご父母様の愛の中にいるから一番幸せね！
神の国をつくるぞ
わしには神の愛がわからない
うらみやねたみばかりわいてくるだからちっとも幸せじゃないんだ
ゴールド

四大心情圏

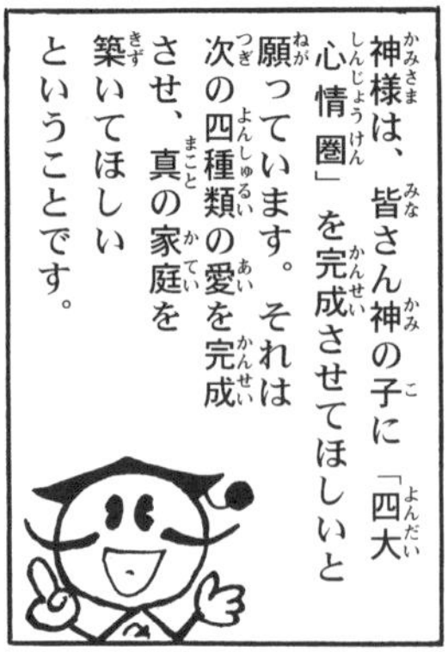
神様は、皆さん神の子に「四大心情圏」を完成させてほしいと願っています。それは次の四種類の愛を完成させ、真の家庭を築いてほしいということです。

①子供として、神様の代わりの両親から、愛をいっぱい受けながら「子女の愛」を完成させること。

②いろいろなお兄さん、お姉さん、弟、妹　ち良く授受作用しながら「兄弟の愛」を完成させること。

③祝福を受けて家庭をつくり、「夫婦の愛」を完成させること。

④子供を生み、育てていく中で「父母の愛」を完成させること。

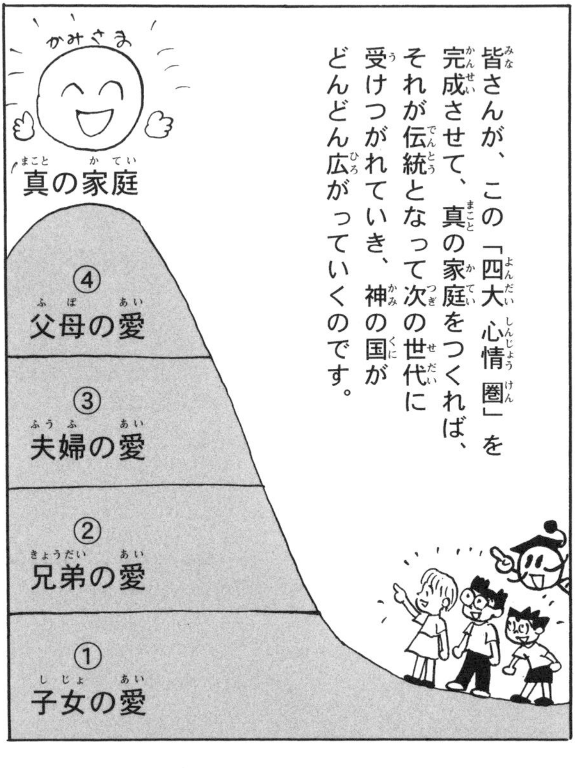
皆さんが、この「四大心情圏」を完成させて、真の家庭をつくれば、それが伝統となって次の世代に受けつがれていき、神の国がどんどん広がっていくのです。
かみさま
真の家庭
④父母の愛
③夫婦の愛
②兄弟の愛
①子女の愛

皆さんは今、①と②を登っているところですね。神様と一緒に③と④まで進んでいきましょう。

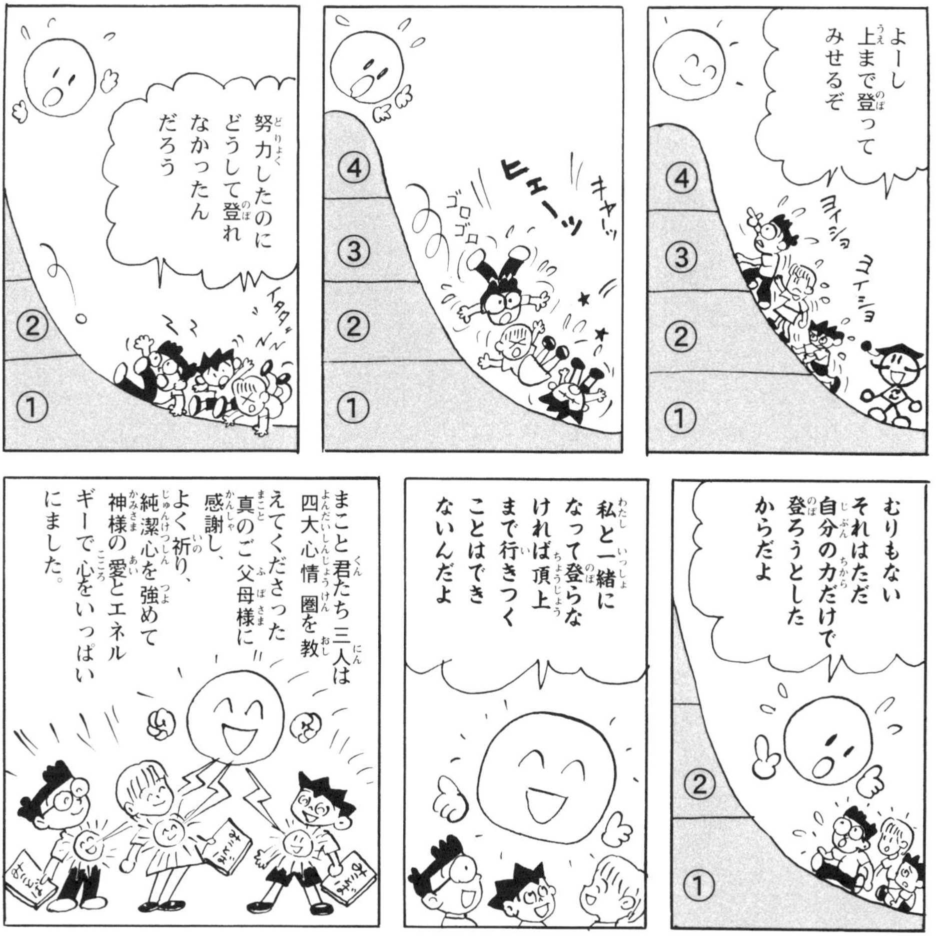
よーし
上まで登って
みせるぞ
ヨイショ
ヨイショ
ヒェーッ
キャーッ
ゴロゴロ
努力したのに
どうして登れ
なかったん
だろう
イタタ
むりもない
それはただ
自分の力だけで
登ろうとした
からだよ
私と一緒に
なって登らな
ければ頂上
まで行きつく
ことはでき
ないんだよ
まこと君たち三人は
四大心情圏を教
えてくださった
真のご父母様に
感謝し、
よく祈り、
純潔心を強めて
神様の愛とエネル
ギーで心をいっぱい
にました。

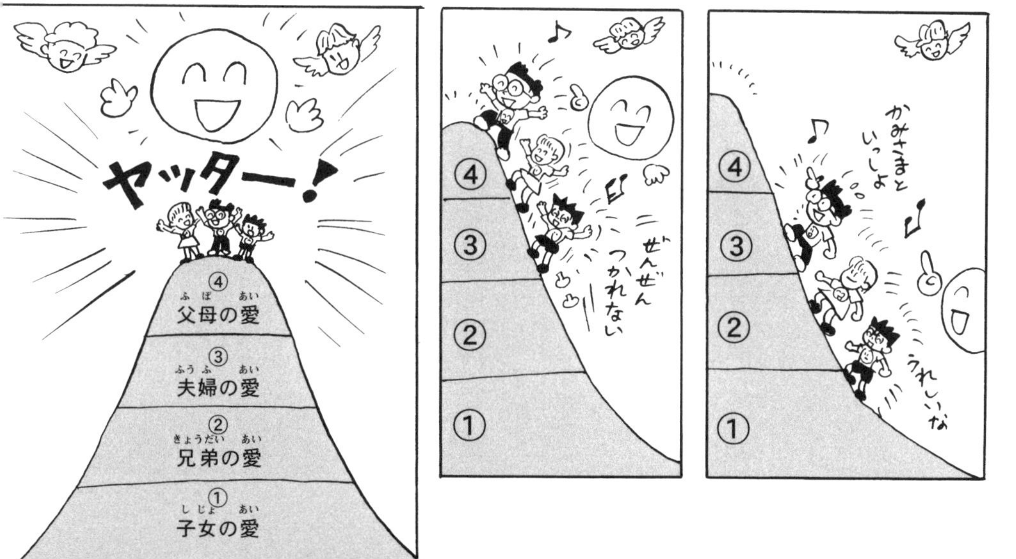
かみさまと
いっしょ
うれしいな
ぜんぜん
つかれない
ヤッター！
④
父母の愛
③
夫婦の愛
②
兄弟の愛
①
子女の愛

輝け神の子

サタンとの闘いに
完全に勝利された真の
ご父母様の祝福により、
神の子、二世たちが誕生
するようになりました。
神の子ってどんな子？
知りたいな…。
真の神の子の心には
天にいらっしゃる神様が
住んでいます。
だから、三回深呼吸すると、もう
地上にいながら、神様の愛と永遠
のいのちに酔ってしまいます。
目に見える生活の場所は、
神様の愛が充満する
美しい地球星や広い宇宙
神の子が歩くと
その場所は清められ、
神の子が触れてあげれば、
悲しんでいる人が
皆、慰められ癒されていきます。

さわった物も、すべて神様の愛によって清められ…
見つめた物さえ、清める力を持っています。
うれしくてとけそう
さいこうにおいしくなってきたよ
もちろん！動植物たちから好かれるのは
ゾロゾロ
ワンワン
ニャー
ゾロゾロ
ガァガァ
神様のように創造活動が大好きです。真の神の子は、いつもこのような真の愛と自由の実感を持って生活しています。
そして、神の子一人ひとりにはその人に最もふさわしい進路が、神様から与えられています。
小説家
ケーキ屋さん
先生
タレント
画家
政治家
スポーツ選手
マンガ家
宣教師
音楽家
祝福を受けて始まる世界が、霊界と地上界の永遠の天国生活なのです。
やがて、神の子同士が成長し……

大切なお祈り

皆さん　神様はいつもお祈りする人の願いをかなえてあげようとしています
お祈りする人に　神様は真の愛と永遠の生命とパワーを与えてますます幸福な神の子にしてあげようと思っています
だから神様は　いつも皆さんのお祈りを待っているのです
心を込めてたくさんお祈りしましょう
お祈りの大切なポイント
①毎日お祈りすること。
②お祈りする前に、できるだけアボニムのみ言を訓読すること。
③お祈りしたことは、神様が必ず聞いてくださるという確信を持ってお祈りすること。

〈神様に感謝して〉

天の父母様、
美しい山や川、青い海や空を　ありがとうございます。
かわいい小鳥や動物たち、
きれいな花や木や草を
つくってくださって　ありがとうございます。
海の生き物も　ありがとうございます。
これらを大切に大切にしますので、
見守っていてください。
祝福家庭二世（三世）〇〇（自分の名前）の
名で報告申しあげます。
アーヂュ

地球

〈世界の人たちのための祈り〉

天の父母様、
世界にはたくさんの、貧しい人や、
困っている人、死にそうな人、
悲しんでいる人がいます。
どうぞ　そういう人たちが
神様によって豊かになり、
悲しみがなくなるように
お導きください。
そして、戦争のない　幸福な世界になるように、
祝福家庭二世（三世）〇〇（自分の名前）の
名で報告申しあげます。
アーヂュ

僕たちは、いつも
お祈りしています。
食事の前や
学校へ行くとき、
夜、お休みする
前に…。
その他にも、
ここに書いてある
ようなお祈りも
します。
みんなも、この文を
参考にしてお祈り
してね。（まこと）

〈お友達のための祈り〉

天の父母様、
お友達と　いつも仲良く
遊べますように。
けんかをしたり
いじめたりしないで、
いつも楽しく遊んで、
神様の喜ぶ子供に
なれるようにお導きください。
祝福家庭二世（三世）
〇〇（自分の名前）の
名で報告申しあげます。
アーヂュ

ワン
ただいま
原理

『よんい博士と行く神様の世界』推薦のことば

幼少期の教育で一番大切なことは、いかに良きもの、本物、感動するものを子供たちに多く提供するかということです。そして天民教育を志す私たちにとって、さらに重要なことは、神様と共に生きる世界をいかに感動的に伝えるかということです。

この学習まんが『よんい博士と行く神様の世界』は、生きた神様と神の子と万物たちが喜びと感動でいっぱいの世界、まさにエデンの園の姿を見せてくれます。大人も子供もいつも、創造理想に限りない夢と希望を持ち、それを成就する時代にあって、それを子供たちが最も分かりやすいように描かれているこの本は、子供たちにとって大好きな本になるに違いありません。そして子供たちの本心は、この本を読むたびごとに神様の心情で充満し、大いなる力が与えられることでしょう。

教育の黄金期ともいうべき小学生時期が終わる前までに、ぜひ子供たちに愛読させせましょう。一家庭に一冊お勧めいたします。

二世局・光の子教育センター事務局長　座間保裕

まんが・よんい博士と行く神様の世界
2001年２月12日　初版発行　定価（本体800円+税）
2010年４月15日　第２版発行
2014年10月21日　第２版第２刷発行
著　者：濱林規行
発行所：株式会社光言社
〒150-0042
東京都渋谷区宇田川町37-18
電話：03-3467-3105（代表）
印刷所：株式会社ユニバーサル企画

ISBN978-4-87656-746-1 C6016　¥800E

2010000547816